# 斯坦福大学
# 伦理课

［美］苏珊·利奥托◎著

Susan Liautaud

钟欣奕◎译

THE POWER
OF ETHICS

新华出版社

**图书在版编目（CIP）数据**

斯坦福大学伦理课 /（美）苏珊·利奥托著；钟欣奕译.
-- 北京：新华出版社，2025. 4.
--ISBN 978-7-5166-7666-0

Ⅰ . B82

中国国家版本馆 CIP 数据核字第 2024TL9204 号

著作权合同登记号：01-2021-3787

The Power of Ethics: How to Make Good Choices in a Complicated World
by Susan Liautaud
© Susan Liautaud，2021
Published by arrangement with The Robbins Office, Inc.
International Rights Management：Susanna Lea Associates
ALL RIGHTS RESERVED
中文简体版专有出版权归新华出版社

**斯坦福大学伦理课**

作者：［美］苏珊·利奥托　　　　　　　译者：钟欣奕

出版发行：新华出版社有限责任公司

　　　　　（北京市石景山区京原路 8 号　邮编：100040）

印刷：捷鹰印刷（天津）有限公司

成品尺寸：145mm×210mm　1/32　　　印张：7.25　字数：150 千字
版次：2025 年 5 月第 1 版　　　　　　印次：2025 年 5 月第 1 次印刷
书号：ISBN 978-7-5166-7666-0　　　　定价：69.00 元

---

微店

视频号小店

抖店

京东旗舰店

微信公众号

喜马拉雅

小红书

淘宝旗舰店

扫码添加专属客服

# 引言
# 道德的边缘

这名年轻女子三十出头，身材高挑，头发乌黑，眼神坚毅。她走出大厅向我迎来，脸上的道道疤痕和骨折创伤依旧清晰可见，或许是伴侣或家人对她下了手吧。我伸手跟她打招呼。

那是1989年，二十六岁的我在哥伦比亚大学读法律专业，还担任学生公益宣传小组组长。该小组负责将筹集到的资金以小额捐款方式向非营利组织发放。当地有家机构专门援助处境危险的受虐女性，也是我们小组的潜在资助对象。我们看了该机构的计划书，没记错的话，当晚还邀请了这位勇于挺身而出的女士来讲述她的故事。

就在她和我都快走到会场教室门口时，我停下了脚步。"能麻烦您稍等片刻吗？"我问道，"我想跟大家再交代一声。"

我走进教室，对在场的所有小组成员说："今晚的演讲嘉宾经历过可能超乎我们想象的痛苦，我们得把握好提问的分寸。"我希望同学们都对她经历的创伤心里有数。接下来，她用一个小时的时间向我们讲述了自己的故事。

法律条文和法院执行之间的脱节令她大失所望，还导致其遭到生命威胁。我们了解到，只有在多次反映遭受身体暴力伤害并饱受精神折磨之后，她才能申请获得主要的法律保护——针对施暴者的限制令，这简直强人所难。必须证明自己是受害者，才能获得法律保护来避免受害，我认为这似乎不合逻辑，有失公正。对于此中道理，我百思不得其解。

我打小就相信，法律总会以公平高效和慈悲为怀的方式来保护和指引我们。可我这才了解到，即使法律明确、能对簿公堂，法律体系仍然可能出现漏洞。我也开始明白，法律保护只是底线，所有人都应更加严于律己。

我当时还没有将此上升到伦理学层面，更别说考虑从事这方面的工作，但我正寻找一种能够改善个人和集体决策的方法。

多年来，我常挂在嘴边的一句话是："道德决策让我们与自己的人性保持关联——它促使我们坚持以人为本。"真诚希望，看过本书的读者，从今往后都能以人为本，做出引以为傲的选择。

———————

我们正处于道德决策风险空前高企的关键时刻。在决策过程中注重考量道德伦理因素，这对21世纪的日常生活产生了方方面面的影响，例如要不要听从专家给我们或他人提出的健康建议、自己或朋友陷入道德困境时该怎么办。在如今我们生活的世界里，违反（和遵守）道德规范的行为都会被放大。相比以往，不当行为的传播范围更广，更加难以预测，给更多个体和机构造成更加深远的影响。令人百思不得其解的是，事实上，我们进行道德决策的机会比以前更多了。为了把握好机会，我们必须正确认识是什么力量将道德推向边缘。

虽然后知后觉，但在哥伦比亚大学法学院举办的那次会议，启发了我对道德边缘的早期思考。在这片边缘地带，法律无法给予我们指导和保护，只能将道德规范作为唯一的行为准则。不过，边缘地带是动态变化的，因为我们只能诉诸道德规范的情况越来越多。在这片区域内，我们认为八竿子打不着的人、企业、创新和现象竟然都交织在一起。例如，社交媒体不仅是我们联系亲朋好友的工具，也是我们寻求工作机会和了解多样文化的平台。但是，它也能广泛散播虚假医疗信息、煽动仇恨和欺凌行为。

为什么这片边缘地带会发生变化？为什么风马牛不相及的事物会产生联系？首先，法律跟不上技术和创新的迅速发展。其次，多种全球系统性风险爆发，如气候变化、虚假新闻和大流行病。最后，新技术与全球性风险的结合同时加剧了新型和传统危险，如民粹主义和极端主义对民主和长期存在的民主制度的威胁加大，而种族主义和人口贩卖等社会弊病则在技术的加持下席卷开来。

我们要是能在日常决策过程中考虑道德因素，就能更清晰地认识自己的社会定位，还能对身边各种关系与社会环境产生积极影响。另一方面，无论对于公民个体、领导、组织，还是国家，忽略道德因素的决策都是最被我们低估的全球系统性风险，会引发多种生存威胁。

自 2014 年起，我在斯坦福大学开设伦理学课程——道德边缘。第一节课上，我一开始就抛出的问题是"究竟发生了什么？"，我们在新闻报道、工作场合、亲朋好友之间，以及周围世界里看到的困境，到底有何实情？若不了解道德沦丧的原因，我们就没有未雨绸缪和亡羊补牢的机会，也就无法帮助和激励人们遵守道德规范。

到了期末，我同样以一个问题来结课——"你本人身上发生了什么？"因为我认为，道德伦理因素和现实基础在决策过程中所占的分量，共同书写着我们的故事，也影响到身边人的故事，当中包括很多素未谋面的人。

我们每天都会遇到一些后果难料且影响长远的难题。例如，对某次重要选举的候选人全都没好感怎么办？应不应该在脸书上分享自己孩子的照片？自行用试剂盒采集唾液，将 DNA 送去做基因分析前，应该考虑哪些问题？该不该请护理机器人来帮忙照顾年迈的双亲？这些行为的后果不总是显而易见的，但首先还是要搞清楚目标是什么。

道德决策并非为了追求完美，也无意指责、批评。准确地说，我希望为读者提供积极审慎的问题解决方法，能在自己和他人难免犯错时，迅速调整并及时恢复。

本书将介绍有助于您摆脱困境的四个步骤，简单易行，习惯成自然。此外，您还能深入了解道德决策的六大驱动力，即"破除二元对立""权力被分散""传染效应""摇摇欲坠的三大支柱""模糊的界限"和"被歪曲的真相"。这些因素几乎影响到我们面临的所有道德困境，如追求事业成功、抚养孩子、谈论重大时政事件、维持复杂的友谊、融合道德伦理规范与精神追求等。识别这些因素的能力会迅速成为我们的第二天性。

对于伦理学，我既是现实主义者，也是乐观主义者。在本书中，我不仅会呈现自己数十年来学习、研究和实践所得，还会分享与学生、客户、同事、领导等人对这些问题的共同探讨。

之所以撰写这本书，是因为我想让更多人有机会了解伦理学，使每个人都能更高效地做出更符合伦理规范的选择，都能为家庭、工作和社会中的种种困境发声。为了自己，为了现在或将来接触到的每个人，让我们做好每一个决策，共同创造更美好的世界吧！

# 目录

CONTENTS

# 第一章
## 破除二元对立

2019 年 3 月 10 日，一个天清气爽的周日早晨，机长亚里德·格塔丘和副机长艾哈迈德努尔·穆罕默德进入埃塞俄比亚航空公司 302 号航班的驾驶舱，准备从埃塞俄比亚首都亚的斯亚贝巴的博莱国际机场飞往肯尼亚首都内罗毕，飞行时间为两小时。作为埃塞俄比亚航空公司有史以来最年轻的机长，29 岁的格塔丘前途无量，他的飞行时长已达 8122 小时，且"飞行记录优秀"。机长格塔丘和 25 岁的副机长穆罕默德都曾在非洲最大的航空学院——埃塞俄比亚航空学院受训。当天，他们驾驶的是一架全新的波音 737 Max 8 喷气式飞机。由全球最大的航空器制造商波音公司推出的这款最新机型，面世仅 4 个月。

当天上午 8 点 37 分，这两名飞行员得到管制塔台允许起飞许可，飞机开始在跑道上滑行，准备加速起飞。302 号航班的 157 名乘客（年龄从 9 个月到 33 岁不等）来自 35 个国家，其中包括环保人士、教育工作者、非政府组织代表、旅行的退休人员，以及一位母亲和她的 4 个孩子。

　　埃塞俄比亚调查人员称，该航班起飞后不久，驾驶舱内便响起了警报，报告飞机攻角大于 75 度，而这个角度可能导致飞机失速，造成致命危险。突然间，控制面板左右两侧的速度和高度读数出现差异，机长驾驶杆上的"抖杆器"开始剧烈摇晃，提示飞机即将失速。

　　可是，这次警报有误，飞机的实际飞行状况完全正常。因为机头的两个攻角传感器中有一个出现了故障，导致飞机启动了自动防失速系统。攻角传感器出现弯曲、破裂、冻结或遭鸟类撞击而受损的情况较常见。根据美国有线电视新闻网的分析，自 2004 年以来，负责监管航空和飞机安全的美国联邦航空管理局共收到 216 份关于攻角传感器故障或需进行维修、更换或调整的报告。216 份报告或许并不算多，但这些重要的安全功能对于飞行员了解情况至关重要。然而，波音公司做出的关键决策是，只需一个传感器报警就能启动 Max 8 的防失速系统，并不要求另一个传感器报警作为保全措施。

　　这个防失速系统被称为"机动特性增强系统"，会在攻角传感器显示机头攻角太大、有失控危险的情况下自动开启。随后，该系统会调整水平安定面，压低机头。如果波音公司要求两个攻角传感器必须保持一致才能启动该系统的话，就有可能避免接下来发生的惨剧。

　　302 号航班飞机升至 8100 英尺（即 2468.88 米）时，机动特性增强系统接收到错误的传感器数据，然后迫使飞机俯冲。格塔丘机长设法拉起机头，但系统却一次次自动强行下压。两名飞行员此时遭遇的困境，与 4 个月前坠毁于印度尼西亚的狮航 610 号航班的事故如出一辙。这两次航班使用的是同一类型的波音飞机。在狮航坠机事件中，飞机也出现过抖杆器剧烈振动、控制面板读数不一致和攻角传感器警报出错。困惑不解的机长与飞机拉锯了 12 分钟，飞机上升和下降了 21 次，最终坠入爪哇海。机上 189 人无一生还。

　　狮航飞机失事后，美国联邦航空管理局发布了紧急适航指令，提醒飞行员，攻角传感器的误报会启动波音 737 Max 8 和 Max 9 型客机的"机头下俯配平"自动系统。波音公司还发布了一份简报，指示飞行员如何使用现有程序来处理错误的攻角数据：拨动控制面板上的多个开关，以关闭系统并停止"机头下俯"指令。简报虽未出现"机动特性增强系统"这一名称，但这是飞行员第一次了解到，波音 737 Max 客机装有这个系统。

　　副机长穆罕默德按指示拨动开关，关闭机动特性增强系统。机长格塔丘拉动驾驶杆，尝试手动抬升机头，但受到了机尾空气动力的阻碍。格塔丘朝副机长穆罕默德喊道："一起拉杆！"他们合力对抗 180 磅的阻力。绝望之中，他们重启系统，试图通过电动来重新控制机尾，可是，机动特性增强系统也再次启动。在亚的斯亚贝巴起飞仅 6 分钟，302 号航班便以每小时 575 英里（约 925 千米）的速度坠落在一片荒地之上。由于撞击过于猛烈，飞机陷入地面以下 33 英尺（约 10 米）处，导致救援直升机难以确定坠机地点。机上人员全部遇难。

302 号航班的遭遇引起了全世界的关注，不只是因为其惨烈程度，还因为它与狮航坠机事件有着惊人的相似之处。大家开始对飞机这一交通工具心存顾虑，也很快对波音公司和美国联邦航空管理局的决策过程表示怀疑。

波音公司和美国联邦航空管理局对于这次危机的反应，不仅与世界各国政府大相径庭，也远远脱离了现实。3 月 11 日（星期一），即坠机发生次日，波音公司发表声明，对 302 航班乘客的亲朋好友表示慰问，同时也坚持认为 737 Max 客机"安全可靠"。美国联邦航空管理局发布了"持续适航通知"，称其正在检查数据，"会根据数据采取相应的必要行动"，不过，目前仍未得到"可以下结论或采取行动"的信息。然而，这两起令人震惊的惨烈空难发生后，埃塞俄比亚航空公司立即宣布停飞 Max 型客机，中国民用航空局也下令停飞国内所有 Max 客机共计 96 架，其他航空公司和国家也随之迅速做出停飞决定。

到了 3 月 12 日（星期二），即坠机发生两天后，英国、德国、法国、澳大利亚、马来西亚和新加坡都已禁止 Max 型客机在其领空飞行，阿曼、挪威和韩国的航空公司都停飞了该机型。但是，美国却仍未下令停飞。要知道，波音公司当时是美国最大的制造业出口商。2018 年，波音公司的总收入高达 1000 亿美元，创历史新高。该公司共有 14.5 万名员工遍布全球，与 1.3 万家本国供应商有业务往来，如 Max 机型发动机的制造商通用电气。

12 日上午，波音公司首席执行官丹尼斯·米伦伯格致电美国总统唐纳德·特朗普，亲自表达"对 Max 飞机的安全性有信心"。

看了新闻报道后，我感到惊恐万分，为受害者及其亲人心碎不已。在我看来，这场空难是由一连串忽视道德因素的错误决策造成的。飞机失事后，我好几天都没缓过神来，惊讶于此次事件的决策者似乎并没有为自己的决策负全责。于是我转念开始思考我们可以做哪些决策：我们应该在什么时候、什么情况下乘坐波音 737 Max 飞机？我们可以如何评估风险？米伦伯格后来对记者说道，他"绝对"同意家人冒险乘坐 Max 客机。但换作我，我肯定不答应。

截至 3 月 13 日（星期三）上午，已有六十多个国家禁止 Max 客机在其领空飞行，但美国联邦航空管理局仍未改变立场。就在前一晚，该管理局发布声明称数据仍在审查中，但"尚无证据支持下令停飞"，也没有数据"显示需要采取行动"。

有一点需要明确：无论是在这类空难发生后，还是在安全风险和新技术的持续监控过程中，分析证据和数据都至关重要。但短短 5 个月内竟有 346 人乘坐同一型号飞机遇难，在此情况下，波音公司和美国联邦航空管理局的当务之急与数据无关，而应该思考"该不该准许 737 Max 客机继续飞行"。此时，关注点不应是平均值或事件发生概率，唯一该想的是如何降低致命风险。只有一种方法能实现这个目标，那就是"停飞"。特朗普总统直到 3 月 13 日下午才做出停飞决定，下令美国联邦航空管理局停飞 737 Max 8 和 Max 9 机型，因为"安全"是"首要问题"。

随后几个月，调查人员发现的大量证据表明，波音公司不仅存在安全问题。这家拥有百年历史的美国公司早已迷失了自己的道德方向。在这起草菅人命的丑闻中，波音公司忽视了安全问题和技术错误。此外，正因为各个层面的决策都没有考虑道德因素，才导致公众对这家声誉良好的公司失去信任。波音公司当时在官网写道："我们对商业道德行为的立场很简单：每次都做正确的事，无一例外。"但波音还是三番五次地破例，损害了它最宝贵的财富——客户的信任。

波音公司酿成的悲剧为这个时代敲响了一记警钟。这充分说明了近些年来，道德伦理的分量在决策过程中一落千丈，往往还导致极其严重的后果。为何道德伦理变得空前重要？当法律滞后于现实情况、界限变得模糊（我称之为"边缘地带"），我们如何才能做出正确决策？边缘地带不受法律保护，只能依靠道德来指导决策。即便处于法律适用范围内，这也只是标准底线，而不是最高甚至是足够高的行为标准。道德必须能在法律之上和之外起作用。

本章介绍了破除二元对立的重要性，它是在边缘地带影响道德决策的六大因素之首。二元决策指在两个非此即彼的选项中做选择，如波音公司可以选择保护生命或追求利润。但大多数道德决策，尤其是在边缘地带，需要破除二元对立，避免将道德问题过度简单化，只分"是非""黑白"或"好坏"。

我们通常会不假思索地给某些人、行为和行动贴上"道德"或"不道德"的标签。如下文所示，这种简单评价并不是道德决策。

有些二元决策需要深入探讨风险和机遇，比如一家公司应不应该向政府出售无人机技术。而另一些问题的答案则显而易见，例如"社交媒体平台应不应该容许性贩卖？""教师应不应该允许教室里出现欺凌行为？"。这些问题都只有一个答案——不应该。

但是，进入了边缘地带，我们更常遇到的是非二元的道德难题——风险与机遇不断融合交汇的灰色地带。周边世界瞬息万变，道德界限模糊不清，我们经常陷于难以抉择的道德困境。很多时候，我们不能只问"该不该"，而要提出更切实际的开放式问题，就像我对波音公司事件的提问——"我们应该在什么时候、什么情况下……"。从非二元的角度来思考道德困境，有助于我们根据实际情况做选择。正如我对学生说过，你可以随意脱离实际，"假装道德"，但还是得承受真实发生的后果。

我们要做的大多数是非二元对立的决策，但就波音公司事件来说，我认为当中还是存在是非对错的选择。该公司当时的确只有两个选择，但它选错了，问题显而易见，风险无以复加。

在剖析波音公司的决策前，我们先深入了解一下 Max 客机是如何拖垮这家民航业界霸主的。故事要从 2010 年说起，作为波音公司当时最大的竞争对手，法国飞机制造商空客公司宣布推出一款油耗降低 20% 的新型喷气机。波音公司得知自己的长期客户美国航空公司正考虑购买 200 架这款新机型，于是便奋起直追。

研制新机型不仅需要付出十年时间，还必须进行费用昂贵的飞行员培训。因此，波音公司决定另辟蹊径，更新现有的 737 机型，为其配备更具燃油效率的发动机。2011 年 8 月，波音公司董事会批准在 2017 年推出升级版 737 机型——Max。早在研发开始前，波音公司就已收到 496 架 Max 客机的订单。

波音公司的工程师很快便发现，在首飞于 1967 年的 737 机型上安装大型现代发动机会导致严重问题。首先，737 飞机离地间隙过小，机翼底部根本装不下更大的发动机。因此，工程师将新的发动机置于机翼更靠上、更靠前的位置。但是，这一设计破坏了空气动力学性能：起飞时，飞机处于全推力起飞状态，机头仰角可能过高，导致失速。起初，他们设想改变机翼形状，或在机翼上添加小金属叶片来改变空气动力学性能。上述想法均告失败后，波音公司便研发出"机动特性增强系统"作为变通方案。根据最初的设计，该系统需要同时获得攻角传感器和 G 力的数据才能启动。如果飞机的攻角和 G 力都过大，该系统会适当抬升机尾，压低机头。但工程师后来发现，新机型不仅在高速飞行时会出现空气动力学不稳定的情况，低速飞行时也会。于是，他们便将 G 值从触发因素中取消，这意味着，仅靠攻角传感器的数据就能激活机动特性增强系统。

最初的"系统安全性能分析"表明波音公司提供了调节装置，基于此，美国联邦航空管理局对机动特性增强系统及其单个传感器启动功能予以认证。但随后，波音工程师增强了机动特性增强系统的效力，却没有更新美国联邦航空管理局的认证文件。到了向客户交付飞机的时候，机动特性增强系统不仅调节机尾的幅度是原先设想的四倍，还会自动重启，即使飞行员抬升机头，该系统也会一次次将其压低。根据波音管理层的证词，飞行员已接受过培训，知道如何处理"水平安定面失控"——这种情况也会导致机头下压。因此，波音管理层便"以为"飞行员会以同样的方法来处理机动特性增强系统的错误启动：按动控制面板上的开关，关闭系统。

波音领导层的自以为是导致他们一错再错。首先，这些假设的基础是：波音资深飞行员在培训模拟中能识别机头下压的危险，然后拨动开关，在四秒内控制住飞机。但模拟并未考虑驾驶舱出现混乱等其他潜在因素。2019年，美国国家运输安全委员会在正式年度报告中明确提到，美国联邦航空管理局应重新制定设计标准，要求安装机载诊断工具，以提高飞行员的效率。委员会还指出："行业专家普遍认同，飞机系统的设计应以尽可能减少人为失误为目标。"

此外，波音公司（经美国联邦航空管理局批准）交付了（装有单个传感器触发机动特性增强系统的）Max客机，但没有给飞行员进行额外培训，飞行操作手册中也没涉及机动特性增强系统。2009年6月，因当年成功迫降纽约哈德逊河而成名的退役机长切斯利·"萨利"·萨伦伯格向众议院运输小组委员会解释道："在这些事故发生前，美国所有航空公司的飞行员恐怕都未曾在模拟器训练中遇到过同类状况。"他还坚持认为，不应该让飞行员来弥补飞机设计的"固有缺陷"。

波音的决策不当，有一部分原因是，美国联邦航空管理局将越来越多的安全认证工作委托给波音公司。在一定程度上，让公司工程师参与进来也合乎情理。波音公司可以利用专业优势，帮助美国联邦航空管理局解决因资源或时间不足而无法处理的细节问题。起初，参与认证的工程师由美国联邦航空管理局任命，直接向美国联邦航空管理局汇报，但由波音公司支付报酬。但这一做法在2004年出现了变化，工程师由波音管理人员任命，并向其汇报，而管理人员对上报美国联邦航空管理局的内容有最终决策权。这些变化不仅给予波音管理人员更多权力，还降低了认证工程师的独立性——波音公司恰好利用此次机会来谋取私利。

《纽约时报》和《西雅图时报》的调查发现，波音公司领导层一心只想着如何超越空客公司，紧盯着生产速度和成本，因此要求工程师以"两倍速"完成技术规划，而管理人员也要遵守"紧迫的期限和严格的预算"。有人举报，波音公司曾三次拒绝采用可能避免坠机的安全措施。

波音公司对胜利的渴望扰乱了它的决策过程，一错再错。2017年，飞机交付几个月后，波音公司发现"攻角不一致警示器"有瑕疵。这项标准配备会在两个攻角传感器的读数不一致——说明其中一个出现故障时，向飞行员发出警报。波音公司发现，问题的原因在于，Max 客机的"不一致警示器"错误关联了另一种需加购的可选功能——"攻角指示器"。这意味着，若航空公司没有购买可选功能，飞机的"不一致警示器"就不起作用。但波音公司没有选择告知客户和飞行员，而是决定按计划等到 2020 年升级软件时才修复这个缺陷。

这个警示器本可以提示传感器故障，帮助狮航和埃塞俄比亚航空的飞行员更快地发现问题。但这两家航空公司都没有购买可选功能，所以警示器未起作用。Max 客机的所有客户中，约有 20% 购买了攻角指示器，也就是说，只有这 20% 的客户具备该安全功能。在三家购买 Max 客机的美国航空公司中，只有美国航空和西南航空购买了可选功能，而联合航空并未购买。

Max 8 于 2017 年投入使用，迅速成为波音公司史上销售最快的飞机，大获成功。可没过多久，便发生了该机型的飞行员与飞机展开殊死搏斗、最终难逃坠机厄运的惨剧。Max 客机本来可以巩固波音公司飞机制造商的霸主地位，如今却暴露了迫在眉睫的道德危机。

下面，我们来分析波音公司面临的三个有关键作用的二元决策。

首先，2017 年，波音公司管理层将一项安全功能（即迎角不一致警示器）设为加购选项，而非标准配备。此时要回答的问题是："我们要不要对外公布并及时修复故障？"

波音公司决定宣称，该警示器只提供"辅助信息"，并非安全功能。这一说明符合 737 经典机型的情况，但是波音公司应该有所了解，机动特性增强系统的强大性能已将该警示器变成飞行员获取重要信息的必要安全功能。波音公司没有披露或修复漏洞，而是选择靠三年后的软件升级来解决。

其次，在印度尼西亚发生的第一次飞机失事后，波音公司面临的选择是"召回飞机，直至查明原因、修复漏洞并对飞行员进行相应培训，还是让飞机继续运行"。该公司不仅没有停飞 Max 客机，还昧着良心把责任推到飞行员身上。2019 年 10 月，波音公司首席工程师约翰·汉密尔顿出席美国参议院听证会时发言："我们是以行业标准来假设飞行员会做何反应。"由于机动特性增强系统的故障情况与水平安定面失控相似，因此波音公司领导层认为，飞行员应该知道如何拨动开关来关闭机动特性增强系统。但正如萨伦伯格机长早些时候出席国会听证会时所说，飞行员驾驶的飞机"不应存在疏漏"。

无论飞行员有没有做好本职工作，导致 189 人丧生始终是波音公司的软件漏洞。这是一个答案显而易见的二元决策：召回飞机，修复安全漏洞并对飞行员进行培训。

就在第二架飞机坠毁于埃塞俄比亚时，波音公司和美国联邦航空管理局面临第三个决策：允不允许这些飞机继续运行？首席执行官米伦伯格不但没有选择停飞，还致电特朗普总统，向他保证飞机安全可靠。尽管已有六十多个国家做出停飞这一正确选择，波音公司依然强行让 737 Max 客机继续运行，而美国联邦航空管理局竟也对此予以认可。

波音危机表明，若在决策过程中忽略道德因素，即使是简单明了的二元选择，也会出差错。要是我们到了人命关天之际都无法正确回答二元问题，那要在边缘地带处理界限模糊的非二元决策，更是难上加难。

在边缘地带遇到复杂的道德问题时，我们通常需要破除二元对立的思维，避免出现过度简化、脱离现实的"是非"判断。放眼世界，不切实际的二元选择（如英国该不该脱欧、美国该不该建边境墙）背后的问题都需要灵活精巧的解决方法。

下文中的困境虽然看似是二元问题，但也可以采取非二元的解答方式。假设你的朋友删除了叫车软件优步的手机客户端，并建议你也删除，因为优步不仅剥削司机，还藐视当地法律。"要么删除，要么保留"，这是个二元选择。暂时抛开这种二元对立，问问自己：我会在什么时候、什么情况下删除这个软件？在听从朋友劝告删除之前，应考虑哪些人和因素？也许，对于在家附近不好打车的你来说，用优步更方便些。又或者，你有认识的老师或单亲父母为了增加收入而兼职开优步。他们会因此受到哪些影响？此外，有些城市地区居民因受出租车司机的位置歧视而打不到车，而网约车公司恰好可以解决这个问题。以上种种因素如何影响你的决策？与其在"删除或保留"之间二选一，不如保留软件，但只在打不到出租车、等不到公共汽车和地铁，或酒后不便驾车时使用。

一旦不假思索地选边站，过度简化道德困境，我们就看不到机会和风险，无法识别影响决策的信息。我们不仅会忽视不同的利益攸关者，如上述教师和单亲父母，还会忽略自己和他人行为带来的潜在后果，如支持一家公司的不良安全记录。

我们都有破除二元思维的能力，做好每个决策。2018年，我有幸采访了曾获艾美奖的作家兼制片人诺曼·李尔。他的一番话让我刻骨铭心："我们经常不投票、不仗义执言，也不在购买一次性塑料瓶前三思而行。认为个人的决策无关紧要，这是人性使然。但一定要相信（李尔用坚定的语气说），我们做的任何事情都很重要。每个人都举足轻重。"

我们的选择很重要，它们不但影响着我们的日常习惯和关系，还决定着我们的生活轨迹，而且会影响到其他人。我们的选择会产生累积效应。接下来，我会阐述在道德决策过程中破除二元对立思维的作用，以及非二元对立的商业模式。

2007年9月，同为27岁、合租于旧金山的布莱恩·切斯基和乔·格比亚正为房租发愁。恰逢当地即将举办一场设计盛会，酒店房间被预订一空。于是，切斯基和格比亚便在自家客厅摆了三张充气床吸引租客，还为他们提供早餐。两人为此短租服务取名"爱彼迎"。

一年后，那森·布莱卡斯亚克加入爱彼迎，成为第三个联合创始人。通过网站爱彼迎，民宿的"主人"可将沙发、卧室或整套房子短期租给"客人"。这样一来，旅客不仅能降低住宿成本，还能获得更多与当地人交流的机会，房东也可以增加收入。而爱彼迎则负责房屋推广、提供交流平台和处理付款事项。房东还可以先在线审查旅客资料，再决定是否出租。

供短期出租的私人住宅（就算是城堡）并不属于酒店或严格意义上的住宅。爱彼迎拓展了边缘地带。

爱彼迎被称为混合经济，依靠互联网连接客户（"旅客"）和供应商（"房东"），省却了酒店业中，如旅行社、前台接待等机构和人员。

乘车平台"来福车"、家政平台"任务兔"、租车平台Turo和宠物托管平台Rover等混合经济公司，都给我们提供了方便及时的产品和服务。但正因为以混合商业模式为基础，这些公司通常会面临许多前所未有的道德决策难题。

2017年的总统日周末，就读于加州大学洛杉矶分校法学院的25岁学生达因·苏到加州大熊湖旅游。她通过爱彼迎在当地租了房，计划与未婚夫、两个朋友和两只狗一起去度假。

达因·苏一个月前只订了一间双人小屋，但后来又给房东泰米·贝克发信息，询问是否可以多加两个朋友和两只狗一同入住。贝克同意了，但每晚多收50美元。

在前往大熊山的路上，苏一行人遇上了暴风雪，原本两个小时的车程变成了痛苦漫长的五个小时。沿途风雪交加，道路封闭，还有山洪警报。好不容易到了目的地，苏发短信联系贝克时，对方却突然变卦了。苏将两人之前的对话短信截图发了过去，以为贝克只是一时忘了。然而，贝克的回复却让苏大吃一惊："你真以为在大熊山的旺季，4个人加上2条狗只要花50美元就能住一晚啊？疯了吧你！"

随后，贝克取消了订单，导致苏一行人滞留在风暴中。苏称要向爱彼迎投诉，对此，贝克反驳道："尽管投诉啊。就算世界上只剩你一个，我也不会把房子租给你，谁让你是亚洲人。"没过多久，她又写道："我是不会让外国人在这里指手画脚的。"

恰好当地的电视台在附近报道这场暴风雪，其中一名记者采访了苏，记录下这名泪流满面的年轻女子站在雪地里束手无策的场景。苏说："我三岁来美国，这里就是我的家。我自认为是美国人，但这个房东却因为我是亚裔而歧视我……我感到非常痛心。"

苏并非个例。2015年3月，25岁的格雷戈里·塞尔登在通过爱彼迎预订费城一处民宿时遭遇了同样的状况。房东回复房子已经租出去了，但塞尔登注意到，该房源在网站上仍显示可预订。于是，这个黑人小伙重新注册了两个账户，分别取名"杰西"和"托德"，还在个人资料里使用白人男子的照片。就在同一天，他以杰西和托德的名义再次申请时，竟然被房东通过了。随后，塞尔登在推特上分享了这段经历，还添加了话题标签"# 爱彼迎 whiteblack"。他的帖子吸引了"成千上万人转发，这些人同样遭到了爱彼迎的房东代理、代表、员工的差别待遇"。

2015 年 12 月，彭博社报道了哈佛商学院的一份工作论文，该研究发现爱彼迎平台上普遍存在歧视问题。研究人员在爱彼迎网站创建了 20 个虚假账户，"除了名字，其他信息都一致"。其中一半名字听上去像是黑人，如拉吉莎·琼斯、泰隆·罗宾逊，另一半则像是白人，如格雷格·奥布赖恩、安妮·墨菲。他们通过这些账户，向位于巴尔的摩、达拉斯、洛杉矶、圣路易斯和华盛顿特区的大约 6400 名房东提出租房申请。

结果显示，"黑人"租客申请通过的概率要比"白人"租客低 16%。虽然研究人员没有在这些账户中上传照片，但他们还是认为，爱彼迎平台助长了种族定性的做法。因为房东通常可以在决定接受或拒绝申请前，查看租客的照片和个人资料。

想象你走进一家汽车旅馆，想咨询住宿信息，前台接待员让你先填写申请表，还要给老板提供照片。然后，接待员拿着资料离开，回来时告诉你，老板拒绝了你的住宿请求。曾就读于斯坦福大学法学院的迈克尔·托迪斯科在《斯坦福法律评论》中对这一过程做了精彩分析，认为它直接违反了美国的《1964 年民权法案》，该法案禁止在公共住宿领域的歧视。然而，在爱彼迎平台上，每天可能会发生数百次类似情况，且几乎全部都不受惩罚。

塞尔登和苏的遭遇应该让谁来负责？爱彼迎应该如何预防和回应房东与租客的不当行为？房东的种族主义行为很难不归咎于爱彼迎。但是，作为新的混合商业模式，爱彼迎面临着前所未有的挑战——非二元的道德困境。《1964年民权法案》第2章明确规定，禁止"基于种族、肤色、宗教或国籍的歧视"。根据该法案，"任何人在任何公共场所都充分平等地享有享受商品、服务、设施、特权、利益和住宿的权利"。这里所说的"住宿"包括"任何小旅店、酒店、汽车旅馆或其他为暂住客人提供住宿的场所"。严格说来，私人住宅并不包含在内。房东有权决定让谁入住，爱彼迎没有任何违法行为。但是，不违法并不等于符合道德标准。

公司的创造者和创新者（如切斯基、格比亚和布莱卡斯亚克这类创始人）以及投资者肩负着道德决策的重大责任（尽管不是全部责任）。政府修改现有法律或增添新法规困难重重，因此管理永远滞后于创新发展。公民和社会总要经历一番波折才能评估创新带来的机会和风险。

爱彼迎的创立使命是："为您创造一个有归属感的世界"（如今的使命也很相似："创建一个让所有人都有归属感的世界"）。归属感这个目标的确很振奋人心，但创始人却忽略了一个问题：他们的平台可能会在什么时候、什么情况下放任，甚至放大基于种族等特征的歧视？依法有权入住酒店和小旅店的客人，会在什么时候认为自己遭到了爱彼迎民宿的排斥？他们会在什么时候被当成不速之客？

在边缘地带，公司必须防患于未然，发现无法依靠法律解决的问题，然后积极做出道德承诺，不满足于只遵守法律底线。作为消费者、雇员、父母和公民，我们也必须如此。

　　道德决策框架有助于我们在做任何决策时考量道德因素，它适用于个人、组织和政府，专门针对特定的困境和情况。

　　首先，这个框架能引发我们考虑细微因素，而不是只关注"做"或"不做"，从而避免将边缘化问题过度简化为二元对立问题。有时，机会很大或风险过高的情况能立即让你做出为数不多的"是非"判断，如波音公司的安全决策或种族主义的例子。但我们大多时候都处于边缘地带，面临的选择并不是非黑即白，需要注意其中的细微差别。一旦破除二元对立的思维，了解影响道德的其他五种因素，你就能更好地处理任何道德难题。

　　我已在全球大大小小的组织部门里实践过这个决策框架，涉及跨国公司、科技初创公司、全球非政府组织、学术机构和医院。此外，我还在不同人身上运用了这个框架，其中包括首席执行官、学生、努力报道涉及复杂伦理道德的新闻事件的记者、我所在委员会的同事、我的伦理学研究对象，以及客户的各级员工。此外，我那些在检察官办公室参加暑期实习或初次入职跨国银行的学生，也常会描述担任新角色的他们是如何运用这一框架的。在制定多样性和包容性政策，以及涉及职场关系的指导方针时，我也会建议企业和非政府组织的领导使用这个框架，以确保各级员工都在做决策时考虑道德因素。

　　道德决策框架适用于任何决策，无论你是在处理职业困境（不同意公司政策的我该不该因此辞职）、个人问题（该不该阻止年迈的亲戚开车），还是在思考自己的选择如何牵涉更多问题（购买这件 T 恤是否意味着我也破坏了环境或加剧了其他国家恶劣的工作条件）。

使用这个框架还有助于评估和理解他人的决策和行为，无论是你投票支持（或不支持）的政治家、你公司或组织的领导，还是其工作令你欣赏但私下行为堪忧的公众人物。只要勤加练习，遇到任何道德难题时都应用一番，你用起这个框架来就会越来越得心应手。

框架包含四个步骤，由此还衍生出了四个问题。关键词为原则、信息、利益攸关方和后果。

### 问题一：我的指导原则是什么？

我代表个人还是组织？我的立场是什么？

原则不仅体现身份，还表明了世界对我们的期待与我们对他人的期待。原则适用于我们生活的方方面面的道德选择。

原则并非一成不变的规定，如"睡前不能吃巧克力"或"休息室里禁止吸烟"。原则是长期遵守的指南，有助于我们处理复杂问题，做出始终如一的选择。这就是在进行道德决策前要预先确立原则的原因，这点非常关键。我们不会随意改变自己的原则，也不会相机行事只挑选最便捷的原则。而个人或组织的原则应该适用于与他们打交道的每个人。

波音公司将"诚信、质量、安全、多样性与包容、信任与尊重、企业公民，以及利益攸关方的成功"列为七个"持久价值"。乍一看，这些原则都值得赞赏，对于这家每天都肩负着数百万人安全的跨国公司来说，似乎也恰如其分。如果波音领导层能遵守并落实这些原则，他们就会在第一次飞机失事后立即禁飞。即便第一次没有禁飞，也会在空难再次发生后采取这一措施。他们还会确保将"攻角不一致警示器"设为必备安全功能，而不是特殊选项。换句话说，波音公司本可以在决策时更加注重道德因素。对于大多数非边缘化的决策，我们都能够遵循自己的原则。

但事实上，波音公司未能在决策时遵守上述原则，而是将利润和竞争优势置于所有原则之上。在追求利润的过程中，波音公司偷工减料、对员工施压、与监管机构玩弄权术，并坚持认为飞机安全可靠。要解决原则冲突极其困难。但在这种情况下，原则根本就不会发生冲突。保障安全不需要牺牲任何人的利益，反倒是贪婪和觊觎市场霸主地位让波音公司失去了一切。

2015 年，爱彼迎在意识到房东存在种族歧视行为所造成的困境时，确立了以下原则：主人心态、拥护使命、每一户都很重要、致力成为不断创新的企业家、简化、勇于冒险。

这些原则简直无法理解，也没有什么指导意义。单独来看，每一条原则都无法为决策和行为提供明确指导；总的来看，它们也没能为爱彼迎树立形象。这些原则并不适用于与公司打交道的人。"主人心态"适用于首席财务官或管理人员吗？对那些只想找个落脚之处的客人来说，"致力于成为不断创新的企业家"有意义吗？

这个框架绝不该用来打压或无故阻止为社会谋福利的创新。但是，在原则模糊的情况下，做出的决策必然会前后不一，从而引起不必要的冲突。爱彼迎虽然努力遵守原则，但却忽略了有利于实现"让所有租客获得归属感"这一使命的关键标准，比如波音公司的"尊重""多样性和包容性"原则。不过，有别于波音公司，爱彼迎领导层做出了符合道德规范的回应，承诺完善那些过于模糊而无法指导决策的原则。该公司创始人坦承，爱彼迎的原则本可以在将机会最大化的同时将风险最小化。表现尊重和消除歧视应该不会阻碍创新。

在边缘地带，原则可能会发生冲突，因为每个决策通常都兼有对错、机会和风险，原则冲突有时甚至让人内心纠结。假设在地铁站看到一个流浪儿童偷了小卖部的一袋薯片，你会如实告知摊主，还是出于同情心对此视而不见呢？曾有一名学生提出会垫付那袋薯片的钱。这样一来，就可以在原则冲突的情况下，恰如其分地解决问题。

我每年都会要求斯坦福大学班上的学生跟我分享他们的"七大原则"。有人选择诚实、好奇心等个性品质，有人选择教育、家庭等优先事项。我一般建议个人和组织选择五到八条原则。

一旦确定好原则并开始运用这个框架，你在做决策和评估他人的选择时，就会自动联想到这些原则。若遇到犹豫不决的情况，这些原则便是你首先考虑的因素。

### 斯坦福大学《道德边缘》课
学生的原则（按人气排序）

| | | | |
|---|---|---|---|
| 诚实 | 关心 | 自我意识 | 信念 |
| 正直 | 乐观 | 复原力 | 驱动力 |
| 善良 | 公平 | 智慧 | 教育 |
| 同情心 | 自由 | 挑战 | 个性 |
| 忠诚 | 纪律 | 平等 | 坚持 |
| 同理心 | 毅力 | 学习 | 成就 |
| 真实 | 公正 | 幸福 | 善意 |
| 尊重 | 聪明 | 效率 | 乐善好施 |
| 责任 | 依赖 | 胜任力 | 谦虚 |
| 好奇心 | 适应力 | 感恩 | 公平 |
| 责任心 | 包容 | 一致性 | 知识 |
| 谦逊 | 勤奋 | 可靠 | 思想开放 |
| 奉献精神 | 努力 | 开放 | 富有冒险精神 |
| 家庭 | 欢乐 | 社区 | 独立 |
| 自主性 | 慷慨 | 友谊 | |
| 成长 | 人性 | 利他主义 | |

## 问题二：我是否得到了做决策的必要信息？

除了我应该和可以获知的信息之外，还有哪些重要信息？

越来越多的企业还未等我们完全弄清正确或错误的使用方法，或未等发明者充分理解背后的技术力量和能力，就抢先推出新产品。作为消费者、员工和家长，我们使用这些产品时，并不完全了解这些新技术会带来哪些机会和风险。在这两者之间，监管机构未能跟上步伐。复杂的技术导致信息变得更加难以理解和不可预测，而为了在推出、使用或管制创新事物前做出深思熟虑的道德决策，这些信息都必不可少。其中大多数相关信息都与上述六种驱动因素相联系。我们希望机器人能诊断癌症吗？我们应不应该允许空中出租车的运营？我们应不应该禁止电子烟？

如今，我们已经或可以掌握的信息，与做出道德决策的必要信息之间，通常存在巨大差距。你如何看待这一信息鸿沟？你可以通过提问、倾听、观察、调查和验证来了解信息鸿沟对你的决策如何产生影响。然后在信息有变时，多次重复这一过程来调整方向。请思考以下问题：

◇ 你是否从多个渠道收集信息，并多方查证自己的观点？

◇ 将来是否会出现极大他改变你想法的新信息？

◇ 你是在寻找事实，还是为了支持先入为主的观点或简单快速的二元回答（如"做"或"不做"），只听、只看你想听想看的信息？

收集信息时，我尽量避免使用"假设""推测""似乎""想当然""肯定没错"或"直觉告诉我"等措辞，因为这会造成有风险的捷径和偏见，而不是在讲述事实。靠猜测得到的是过度简化、非黑即白的回答，而不是灰色的现实，因为我们从未获得有细微差别的信息。

有时由于信息不足，我们最终做出了错误决策。反思原因大有益处，例如，原因可能在于：你不知道，也不可能知道某个重要事实。

◇ 你不知道，但可以得知这个事实。

◇ 你不知道，但应该知道这个事实。

◇ 你知道，却声称不知道这个事实，这是在撒谎。

◇ 你知道这个事实，却忽略它的存在。

其中几种原因让人不禁联想到波音公司的事例。

波音公司在好几次决策的关键时刻都掌握了重要信息，但却选择忽略这些信息。例如，2016 年，在飞机交付之前，波音首席技术飞行员形容机动特性增强系统在模拟器测试中"横行霸道"。2018 年 6 月，即第一次空难发生的 4 个月前，波音公司了解到，若飞行员未能在 10 秒内处理好机动特性增强系统故障，就可能导致"灾难性"后果。然而，2019 年 10 月，也就是狮航飞机失事一周年之际，埃塞俄比亚航空遭遇空难之后，波音首席执行官丹尼斯·米伦伯格出席美国参议院听证会时表示："早知如此，我们肯定会做出不同的决策。"可波音公司对实情的确有所了解。但是，他们没有为自己的无动于衷承担责任，反而将部分责任推到飞行员身上。

再者，狮航飞行员对风险不可能有足够的了解。他们不知道"攻角不一致警示器"不起作用，不知道机动特性增强系统的存在，也不知道单个攻角传感器故障就能激活这个强大的防失速系统。飞行员需要了解这些实情，才能避免惨剧发生，可波音公司竟然对飞行员隐瞒了这些信息。忽视加隐瞒，害人又害己。

接下来，一起看看爱彼迎的三位创始人掌握哪些信息——作为房东和旅客的中间人，他们能够或应该了解什么信息。2016 年 7 月，首席执行官布莱恩·切斯基坦承在公司创立之初并没有考虑到种族主义的问题。他直言道："我们三个白人对平台的设计确实有很多地方考虑不周。"爱彼迎的混合商业模式包括两部分，即互联网和酒店业。创始人应该很清楚，这两个领域（无论独立还是融合）都存在种族主义的风险。此外，种族主义也渗入在线交流中。皮尤研究中心最新数据显示，有四分之一的黑人曾因种族身份遭到网络骚扰。而且，酒店及其管理层和员工一直以来都存在种族歧视的做法，也是人尽皆知的事实。爱彼迎即便最初并不重视反歧视法，也应该考虑到种族主义有可能通过房东和租客渗入平台。与种族主义有关的内容长期在互联网广泛传播，加上酒店业存在种族主义是众所周知的，鉴于此，爱彼迎的创始人本应了解到（或至少本能了解到）酒店加互联网的混合商业模式会出现种族歧视。

借助决策框架分析混合商业模式的组成部分时会引发以下思考："我还应该（或能够）了解什么信息？"这个框架有利于爱彼迎的创始人选择更有效的原则，从而又能帮助他们获得相关信息。例如，包容性和多样性原则促使创始人在评估信息时寻找存在歧视的证据和风险。

### 问题三：哪些利益攸关方对我的决策起重要作用？

哪些人或事物会影响我的决策，或被我的决策影响？

我将利益攸关方定义为"任何可能对个人、组织、物体或因素产生影响，或被其影响的决策或场景"。我们通常以为只有人类才是利益攸关方，但影响我们选择（或反过来受其影响）的无生命物体也可以算作利益攸关方。例如厨房智能助手，如果它为你提供的信息（如"室外温度为 0 摄氏度"）影响了你的决策（"我应该穿上外套"），它也是利益攸关方。利益攸关方可以指公司、政策、算法、聊天机器人、考试成绩、虚假新闻、被编辑的基因或政府组织等。它们都有可能对你的决策产生积极或消极影响，反之亦然。

波音公司在 737 Max 空难的多个阶段决策对众多利益攸关方产生了连锁反应，至少涉及公司的员工、高管和股东，供应商及其员工，停飞和取消航班的商业运营商，世界各地的机组人员，起诉波音公司并要求赔偿损失的西南航空飞行员，竞争对手空客公司，依靠波音飞机出行的多家企业，美国联邦航空管理局（其作为全球安全领导者的地位正在下滑），以及开发自动化技术的其他行业（正从这场悲剧中吸取教训）。当然，还有 346 名受害者及其亲属，以及他们素未谋面却被其遭遇影响的人。

我们从来不是自己决策的唯一利益攸关方，我们的决策从来都不只关乎自己。它们会影响到许多人和事，有些甚至是我们在做决策时没有意识到的，也可能永远不会了解的人和事。在边缘地带，识别所有实际和潜在利益攸关方并非易事，甚至根本做不到。目前，爱彼迎平均每晚能为来自全世界 220 个国家和地区的 200 万房客提供服务，其中还不包括房东及其家人和邻居、受爱彼迎影响的企业、参与（或不参与）

监管的机构、税务部门等。

如何才能识别所有的利益攸关方？我们首先可以考虑那些对结果有直接影响或受结果影响程度最大的人（如失职的监管者），或面临严重风险的人（如飞机乘客）。无法识别个人时，我们可以着眼于利益攸关方的类别（如波音公司供应商员工或爱彼迎平台上的房东）。我们会在第二章了解到，在边缘地带，我们有时甚至想象不到谁是利益攸关方，因为我们搞不清楚技术会如何被使用或滥用，也无法预料人类对某些情况的反应。

### 问题四：我的决策在短期、中期和长期内可能会造成哪些后果？

做决策时，我考虑过这个决策对眼前和未来会有何影响吗？

道德决策框架要求我们在做决策时，必须考虑决策在短期、中期和长期内会造成哪些后果。因此，我们应定期核对框架，这样就能持续监控后果，跟上事情发展节奏。

例如，在 737 Max 8 第一次失事后，美国联邦航空管理局确定类似的机动特性增强系统紧急情况极有可能在几个月内再次上演。当时本应对此拉响警报，可波音公司却向美国联邦航空管理局承诺，将为机动特性增强系统开发软件补丁。但直至第二次空难发生，这个补丁仍未完成。美国联邦航空管理局当时应该清楚空难可能会再次发生。如前所述，额外的数据与是否停飞毫无关联。

后来，美国联邦航空管理局一名高级官员出席参议院听证会时说："从安全的角度来看，我们深信自己做得已经够多了。"但美国联邦航空管理局将越来越多的评估和认证安全工作委托给波音公司，因此当时的"够多"还不够，反而是远远不够。美国联邦航空管理局和波音公司应该从道德角度思考自己的决策会带来哪些潜在后果。以下三个简单的问题，可以帮助你快速评估自己决策的后果：

◇ 这个决策会造成哪些无法弥补但非常重要的潜在后果？

◇ 遵守道德规范可能会失去哪些机会？

◇ 如果这个决定直接影响到我个人，我会作何感想？

如果美国联邦航空管理局和波音公司思考过第一个问题，就很清楚要做何决策：鉴于当时的特殊形势，决不允许再有任何伤亡事件出现。他们甚至根本不需要思考其他两个问题。

空难发生后，波音客机在全球范围遭到停飞，声誉扫地。之后，首席执行官米伦伯格向国会保证会采取升级软件、开展新培训、加强安全知识等让"飞机更加安全可靠"的新措施。但这些飞机从一开始就存在不安全因素。如果波音公司领导层矢口否认这一根本问题的存在，那公众又如何相信他们的决策呢？

框架运用的下一步是，在利益攸关方之间分配责任。爱彼迎事件有可供波音公司借鉴之处，因为该公司创始人承担起了相应责任。2016 年，在黑人塞尔登的遭遇和哈佛商学院的工作论文出现后，首席执行官布莱恩·切斯基为没有及时回应而道歉，还称歧视是"我们公司遇到的最大困难。它击中了我们的要害，彻底动摇了我们坚持的价值观"。于是，爱彼迎开始对平台上的种族定性做法进行内部调查，全面启动反歧视工作。平台要求所有房东签署《社区承诺书》，承诺"尊重这个社区的所有其他成员，不论对方的种族、宗教、国籍、民族、残障状况、性别、性别认同、性取向或年龄如何，皆不对他们妄加判断，也不会怀有偏见"。

爱彼迎的领导层还致力于采取多方参与的解决方案。为了审核平台并为房东提供反歧视培训，爱彼迎聘请了在政府、学术机构和法律界备受尊敬的专家顾问。此外，该公司还约见了不同群体征求多种意见，包括员工、房东、城市官员、政府机构、旅游公司、民权团体，以及曾遭到歧视的爱彼迎用户；还组建了由软件工程师、数据科学家、研究人员和设计师组成的团队，共同努力识别和消除出现在平台上的歧视现象。

爱彼迎本可以推卸责任（"大家在平台上的行为与我们无关"），或将错综复杂的道德困境过度简化为二元判断（要么"是飞行员的错"，要么"是我们的错"）。但是，该公司却选择搜集更多信息，找到信息漏洞并采取补救措施。一年后，也就是 2017 年年初，当苏和朋友无奈被困雪山时，爱彼迎不仅迅速给苏全额退款，同时提出为他们报销酒店费用，还在平台上注销了贝克的房东身份。

在这种情况下，苏也是利益攸关方，她负起责任对媒体讲述自己的遭遇，并向加州的公平住房部门投诉。最终，该部门与贝克达成协议，要求她缴付 5000 美元赔偿金、向苏道歉、学习有关亚裔美国人研究的大学课程、参加民权组织的志愿者服务活动等。

切斯基很擅长不断重新评估信息，思考爱彼迎决策会涉及哪些利益攸关方、造成什么后果。两年后，也就是 2019 年，举办于北加州郊区一处爱彼迎出租屋的万圣节派对发生了致命枪击事件。几天后，切斯基宣布即将在全球开设全天候"邻居热线"，并人工审核 700 万间房源的准确性、质量和安全性。他们还将严格审查高风险房源，预防未经授权的派对。切斯基在弥补信息鸿沟的同时，也在增强信任感。

"我们的创新之处其实不在于方便用户预订房屋，而在于构建出让数百万人彼此信任的社区，"切斯基说，"我们希望尽可能从这些事件中吸取更多的经验教训。"

发现自身问题时，爱彼迎的领导层没有推卸责任或保证会修复软件，而是深思熟虑地做出改变，以此巩固信任。波音公司可以修复飞机，甚至解雇首席执行官，但重建信任却难上加难。

"过去十年，很多同行都持旁观者心态，认为互联网是个不可干扰的免疫系统。但现在，我们都意识到这么做太欠缺了，"切斯基说，"必须对平台承担起更多责任。"

从试飞员和美国联邦航空管理局审计员到爱彼迎的房

东、租客和软件开发人员，再到你和我，我们大家都有权利和责任发表意见，采取行动防止伤害扩大。不仅要认识到二元对立思维在灰色地带的危害性，还要在遇到道德困境时运用上述决策框架的四个步骤。你所做的一切都很重要。

# 第二章
# 权力被分散

德莱尼·范·里珀小的时候活泼好动、精力充沛。可父亲注意到，她走路时主要靠脚尖发力。从事遗传咨询工作的AJ·范·里珀知道，这可能是某种遗传性疾病的先兆。后来，父亲的担心得到证实，德莱尼七岁时被诊断出患有腓骨肌萎缩症。这种疾病虽不致命，但却无法治愈，最终会导致女儿的韧带挛缩，四肢和肌肉慢慢萎缩和退化。

从小就戴着腿支架的德莱尼觉得，自己和同龄人"不一样"。可进入青春期后，这种外形差异让她倍感沮丧，痛苦万分。2017年读高三时，她收到了一封来自布鲁斯·康克林博士实验室的邮件。布鲁斯·康克林博士是格拉德斯通研究所的高级研究员（布鲁斯·康克林博士在美国加州大学旧金山分校担任教授，而该研究所是隶属于该校的非营利性生物医学研究中心）。康克林博士正寻找志愿者参与一项可能革新疾病治疗的科学研究。事实上，他正带领团队研究如何利用名为CRISPR-Cas9的基因编辑新技术，为德莱尼这类腓骨肌萎缩症患者研发疗法。

1987 年，日本的大肠杆菌研究科学家小组在报告中称，发现了"一种不寻常的结构"，这种重复的 DNA 序列前所未见。在接下来的 25 年间，与这种"成簇、规律、间隔、短回文的重复序列"（CRISPR）有关的研究剧增。有科学家发现，类似基因防御系统的 CRISPR 能与 Cas9 酶结合，仿佛一把剪刀，识别并剪切入侵的 DNA 病毒。2012 年，加州大学伯克利分校教授詹妮弗·杜德纳博士和柏林马克斯·普朗克病原体科学研究所主任埃马纽埃尔·卡彭蒂耶博士共同带领科学家团队发表了突破性研究成果，展示 CRISPR-Cas9 如何在实验中用于剪切、修复和编辑任何生物体的 DNA。

同为格拉德斯通研究所高级研究员，卡彭蒂耶博士赞赏同事康克林博士发明了"基因外科手术"一词来说明 CRISPR 的工作原理。具体来说，就好比外科医生使用手术工具来切除肿瘤和修复器官，基因外科医生使用的是 CRISPR 工具来剪切或修复细胞的特定基因。换个角度思考，想象一部含有 64 亿个字母的巨著，这些字母代表人类基因，科学家可以利用 CRISPR 来查找并剪切书中的错别字，然后粘贴上正确的字母。但是，他们也可以利用这个工具来改变这本书。"CRISPR 可以精准改变基因，"卡彭蒂耶说，"也就是说，我们如今可以控制人类的进化过程。我们基本可以控制任何生命体。"

德莱尼接受了参与 CRISPR 研究的邀请，并参观了康克林的实验室。我们在 2020 年年初通了电话。德莱尼告诉我，她参与研究只需为研究人员提供几份血样（还签了一份同意书，允许研究人员使用血样进行其他疾病的研究）。研究人员从她的血液样本中分离出血细胞，并慢慢将血细胞诱导为诱导性多能干细胞，即可分化为其他种类细胞的初始细胞。他们还会设法将德莱尼的细胞转化为含有基因突变的特定类型神经细胞，这样就可以利用 CRISPR 工具来剪切有缺陷的遗传物质，以便将来能把修正后的神经细胞注射回德莱尼的脊髓和肌肉，减轻疾病症状。

德莱尼还向我解释，相比添加新的遗传物质，剪切不需要的遗传物质要容易得多。"基因具有我们常说的双螺旋结构，"她说，"而我只有一条是正常的。我不需要另一条有问题的基因链进行细胞繁殖。"她引用了父亲的比喻："你可以从两家工厂买木材建房子，如果一家卖的是好木材，而另一家卖的是朽木，你不选后者，只从前者那里买好木材，这样还是能把房子建起来。"

德莱尼参与康克林博士的研究三年后，康克林博士和我有过一次通话。他告诉我，之所以将德莱尼的这种疾病作为研究对象，是因为"我们认为它是科学发现的 6000 种人类疾病基因中，治愈可能性最高的一种"。他表示："CRISPR技术在过去三年的持续发展，给我们带来了更多成功的希望。"他还警告，腓骨肌萎缩症疗法的研发需要长达数年时间，仍需攻克很多技术难题。不过，由于德莱尼的疾病发展缓慢，康克林博士对自己有足够时间进行研究持乐观态度。他认为找到疗法的"希望很大"，还将此比作攀登乞力马扎罗山——

虽然困难重重，但有望实现。他说："实验医学没有百分之百的定论……这就是为什么我们称之为实验。不过，我对实现预期目标非常有信心。"

同时，德莱尼也表示，继续为科学做贡献并不断学习新知识，也让她逐渐树立起信心，更加从容。当我问道，无论作为潜在病人还是研究对象，她对于其他人可能寻求基因疗法有何看法时，她的回答给我留下了深刻印象。德莱尼说，我们应该思考两个重要的问题：第一，为什么要这么做，是受到了哪些价值观的驱使？第二，这会对他人产生什么影响？从决策框架来看，她是建议大家思考自己的原则、利益攸关方和后果。

最近，德莱尼为格拉德斯通研究所的博客撰文写道，康克林博士的研究给予她"一份既危险又美妙的礼物——希望，获得痊愈的希望，过上正常生活的希望。即使这份希望没有降临到我身上，将来也会降临到其他人身上"。

无论如何，CRISPR 都是一种无比强大的权力分散工具。促使进行道德决策的第二个因素是被分散的权力，即不分好坏地盲目分配权力。

德莱尼的经历展现了 CRISPR 如何给人带来希望，促进道德素养的提升，无形之中对生活产生影响。科学家和创新者利用 CRISPR 奋力救治数百万心脏病、癌症、阿尔茨海默病、肌肉萎缩症、囊性纤维化、失明等疾病患者。这种技术用在了对的地方。更广泛地说，CRISPR 为人类注入了今时今日才能获得的力量。全世界的实验室都在积极运用这项技术，可以培育出抗疟疾的蚊子，研发适应能力更强的玉米和小麦品种，甚至用亚洲象的 DNA "复活" 长毛象。这项技术的潜力无限。

CRISPR 创造出前所未有的、改变人类的权力，但也较以往更迅速、更广泛且更不可预测地分散了这种权力。很多人运用权力时，不仅没有受到法律监督和职业道德（如希波克拉底誓言）约束，也不必对机构领导做出解释，也不保证一定秉持服务和保护社会的原则。

下面通过另外两个事例来了解权力被分散的影响及其对道德决策的作用。第一个事例涉及使用 CRISPR 的高风险以及对此的道德批评，而第二个事例则讲述 3D 打印技术如何被用来制造武器。然后，我们将深入探讨在分散权力的道德责任划分方面存在哪些意想不到的困难。

首先，掌权者不再只限于首席执行官和国家元首。在边缘地带，权力就像 "猜杯子游戏"：对于它在哪里、谁拥有它、拥有多少，以及如何使用，一概不知。而现在，掌权者不仅包括通过智能手机招募同伙的恐怖分子，滥用社交媒体混淆视听、阻止公民投票的俄罗斯鼓吹者，还包括为流媒体服务和网站编写算法、侵犯用户隐私并收集用户数据的软件工程师。技术开发者和分享者即便没有图谋不轨，也未必清楚自己会如何分散权力，在道德方面造成不良影响。

CRISPR 等处于边缘地带的技术，将非二元的道德困境摆在了我们面前。虽然基因疗法并非 "做或不做" 的二元选择，但体细胞基因疗法与生殖系基因疗法之间还是具有明显区别的。如德莱尼所希望的，前者会改变患者的非生殖细胞，但只影响患者，不可遗传给后代。CRISPR技术开创者杜德纳之所以支持在儿童和成人的体细胞疗法中运用此技术，也是因为改变只限于个人。

相比之下，生殖系基因疗法会改变胚胎、精子和卵子中的DNA，不仅影响患者，还会遗传给后代。生殖细胞编辑存在未知的严重风险。正因如此，许多科学界人士都坚决反对利用CRISPR来编辑人类的生殖细胞。截至目前，约有30个国家，其中包括不少欧美国家，已经颁布条例限制，甚至全面禁止人类生殖系基因组编辑。

我问康克林博士，关于CRISPR，大众最应警惕哪种风险。他回答，应该警惕不受监管的无良基因编辑诊所，不能轻信它们未经证实就向患者承诺的绝症疗法。这类诊所会损害患者的身心健康。若疗效实则为承诺疗法的安慰剂效应，即便治疗无效，他们也有可能篡改研究结果。

此外，他还担心CRISPR会被用来"定制"婴儿，这种方法被称为"胚胎植入前遗传学诊断"。《辅助生殖和遗传学杂志》发表的一项研究表明，美国75%以上的生育诊所都提供胚胎植入前遗传学诊断服务。根据美国生殖医学会的描述，胚胎植入前遗传学诊断与体外受精结合使用，会对通过体外受精培养数天的胚胎进行基因检测。然后，父母可以选择只植入基因突变检测呈阴性或携带致病基因但不会发病的胚胎。

胚胎植入前遗传学诊断技术可以避免携带严重基因突变的父母将杜氏肌营养不良症、戴萨克斯症和镰刀状红细胞贫血症等疾病遗传给下一代。但正如康克林博士提到的，CRISPR 与胚胎植入前遗传学诊断技术的结合使得我们自然而然能够接受潜在操纵下一代遗传特征的做法，如身高、瞳色、运动能力或智力。康克林的谆谆告诫说明了权力被分散的后果：想象一下，这个世界上的所有父母都可以不受社会限制地定制孩子，这将会是怎样一番场景？

分散的权力的主要特征为难以管制，因为它唾手可得，且难以监测。因为法律远远滞后于技术发展，所以监管部门无法阻止权力分散，即使后果显而易见，也很难查出谁是掌权者。再者，即便是外行人或资金不足、条件有限的人，通常还是有办法获取这项技术。正如接下来的事例表明，最重要的是，分散的权力可能让注重道德规范的普通人大跌眼镜。

2017 年 6 月，33 岁的生物物理学家贺建奎坐在深圳南方科技大学的会议室里，对面是两对渴望为人父母的中国夫妇。他们面临的特殊难题是，双方的艾滋病病毒检测均呈阳性。

根据《科学》杂志的系列调查，以及该杂志记者乔恩·柯恩对会议视频的述评，这些夫妇之所以被招募过来，是因为他们可以借助抗病毒药物来控制病毒感染。他们并不担心会将病毒传给下一代，因为体外受精采用的精子洗涤技术已经能在人工授精前确保将病毒清除干净。然而，这些夫妇想要的是确保下一代永远不会感染艾滋病病毒，永远不必忍受自己所遭受的痛苦和歧视。贺博士曾在美国求学，可以说是成就斐然的科学家。他为这些夫妇提供了参与科学实验的机会，这项实验或许可以一劳永逸。

从贺建奎提交给中国临床试验注册中心的名单来看，他想招募的研究对象是 22 岁至 38 岁的已婚异性恋中国夫妇，并要求只有男方是艾滋病病毒阳性感染者，以便"获得不携带艾滋病病毒的健康孩子，为将来在人类早期胚胎中消除重大基因疾病提供新见解"。

贺博士在给参与的夫妇提供的同意书（《科学》杂志也搜集到了）中写道："本研究致力于培育有 HIV-1 病毒免疫能力的婴儿。"但是，同意书并未包含贺博士这项研究的全部范围和潜在后果。例如，没有提到可能会在"非靶标区域"出现"脱靶"效应，即不需要的非预期 DNA 变异。同意书还包括研究小组对此类风险的免责声明（甚至注明了贺博士团队保留婴儿出生当天照片的使用权和公布权）。爱子心切的父母能了解这些风险的类型和可能性吗？

截至 2017 年 9 月，贺博士共招募到八对满怀希望的夫妇，而其中两对参加了这次的深圳会面。他们将会参与世界首例采用体外受精和 CRISPR-Cas9 技术培育抗艾滋病病毒婴儿的实验。在接下来的一年里，贺博士会利用 CRISPR，在这两对夫妇的受精胚胎中引入被称为 CCR5-delta 32 的基因突变。这种缺陷基因能帮助自然携带者对艾滋病病毒产生免疫力。贺博士希望这些夫妇的后代也能产生同样的基因突变。通过体外受精生成的胚胎成长数天后，用胚胎植入前遗传学诊断技术筛查细胞，确保胚胎在植入子宫前已经成功改变基因。

贺建奎的内心想法我们不得而知，但通过知名媒体对电子邮件和文件的调查可以看出，贺建奎博士正雄心勃勃地向世界展示如何使用CRISPR创造出能抵御艾滋病病毒的人类，将来也可以运用同一技术来编辑与心血管疾病、囊性纤维化等疾病有关的基因。《科学》杂志查看了贺博士的医学研究伦理审查申请，结果显示他已得到中国一家医院的批准。贺博士在申请中写道："自体外受精技术在2010年荣获诺贝尔奖以来，这将是又一项伟大的科学和医学成就，为无数遗传病患者带来希望。"后来，这家医院宣称，申请书上的批准签名系伪造。

我不知道贺博士与医院沟通的全部内容，以及医院是如何审查这些信息的，因此不会贸然评估他们的监督协议。但事实就是，无论这家医院是否参与，贺博士都应该深知，自己的研究大大超越了能被人接受的道德底线。知名的科学家都劝告他停止实验，或警告他三思而行。此外，大部分欧洲国家和美国都禁止人类生殖系基因组编辑。中国医学科学院的研究人员在医学杂志《柳叶刀》发表文章指出，中国政府在2003年发布的《人胚胎干细胞研究伦理指导原则》中明确禁止"以生殖为目的对人类配子、受精卵和胚胎进行基因操作"。因此，已有足够的认知和职业伦理与法律上的普遍共识表明，贺博士不应该对人类胚胎进行如此不负责任的实验。

贺博士就是隐形逾矩者的代表。例如，他在一所大学的大型实验室和两家医院里做实验，但依然可以秘密行动。据《大西洋月刊》和《华尔街日报》报道，负责体外受精的医生并不知道植入的胚胎进行过基因组编辑，负责孕妇分娩的医院对贺博士的研究计划也并不知情，贺博士甚至还伪造了男方的血液检测结果，以防医院发现他们是艾滋病病毒感染者。不过，贺博士的研究计划很快便人尽皆知。

2018 年 4 月，参与实验的一对夫妇怀上了双胞胎。检查显示，其中一个胎儿有两个 CCR5 基因副本，也就是说，实验在胎儿身上奏效了，而另一个胎儿只有一个 CCR5 基因。目前尚不清楚这对双胞胎对 HIV 病毒是否有抵抗力。

贺博士在给导师的电子邮件中表示，对"获得成功"感到欣喜若狂。同年 8 月，他到纽约与一名生殖科医生会面，讨论是否要在中国合作创办基于 CRISPR 基因编辑技术的诊所，服务于想为人父母的夫妇。他还聘请了一名美国公共关系专家，帮他策划在宣布这对双胞胎出生前，先在一本著名医学杂志上发表一项研究。不过，计划并未如愿实施。

2018 年 10 月，世界上首对经基因编辑的双胞胎女孩通过剖宫产出生，但贺博士一直没有公开自己的秘密。直至 11 月 25 日，《麻省理工科技评论》才披露了此消息。次日，美联社发表了一篇报道。这两篇文章都包含了同行科学家对贺博士实验的批评观点。为了争取话语权，贺博士在 YouTube 上发布了一系列视频作为回应，向孩子的父母"马克"和"格雷斯"宣布了"露露"和"娜娜"的诞生（贺博士在此处使用化名，以保护他们的隐私）。他说两个孩子和"其他婴儿一样健康"。"作为两个女孩的'父亲'，"贺博士说，"我认为，让一对夫妇获得建立美满家庭的机会，就是对社会最美好的赠礼。"

2018年11月28日，贺博士出席了在香港举行的第二届人类基因组编辑国际峰会，会议由全球多家重要机构（包括美国国家科学院、英国皇家学会和香港科学院）主办，杜德纳博士等多位领域开拓者也一并出席发言。面对座无虚席的会场，贺博士称对自己的研究感到"自豪"，还说已有另一名女性植入基因编辑过的胚胎，也就是第三个CRISPR婴儿。

科学界对此感到非常愤怒。峰会组织者谴责贺博士进行的是一项"被误导的、不成熟的、不必要的和基本无用的"实验。负责监督美国医学研究的美国国立卫生研究院称，这项实验的医学必要性"完全无法令人信服"，知情同意书也"存在很多疑点"。杜德纳博士称自己对此"感到震惊"。她还指出，既然已存在"安全有效"的方法可以避免父母将艾滋病病毒传给下一代，为什么贺博士还要使用CRISPR这一"从未在人类身上试验过的实验性技术"，简直"太不可思议"了。

在检验权力的新用法是否符合道德规范时，我们很有必要先停下脚步，思考杜德纳博士的观点。我们始终要问，是否有风险更小且或更有利的替代方案。此外，我们还要负责选择最佳替代方案，或在恰当的时候悬崖勒马，直至科学研究和令人信服的道德讨论能够取得进一步发展。

正如一名研究人员指出，贺博士不是在"修正致病的基因变异来拯救生命……而是破坏了健康胚胎中的一个正常基因"。CRISPR 会在基因组其他区域造成"脱靶"编辑，这有可能导致癌症等意外后果。

研究了贺博士在峰会上展示的资料的科学家告诉《科学》杂志，这两个婴儿似乎都出现了"镶嵌现象"，也就是说，CRISPR 很可能对胚胎的某些细胞进行了不同于其他细胞的编辑，甚至根本没编辑。总之，我们无法确定这两个婴儿对HIV 是否真的具有抵抗力。

香港峰会后不久，贺博士便从公众的视野中消失了，没有对任何媒体做出回应。中国有关部门下令暂停了他的科研活动。南方科技大学也让他停职了。

2019 年 12 月，新华社报道称，对自己违反 2003 年《人胚胎干细胞研究伦理指导原则》的行为，贺博士和另外两名研究人员当庭表示认罪。法院不公开开庭审理了此案。贺博士被依法判处有期徒刑三年，并处罚金人民币 300 万元，终身禁止从事人类辅助生殖技术服务工作。据称，法院谴责贺建奎"追名逐利"，还宣告第二位母亲已生下了第三个基因编辑婴儿，但没有公布出生日期。与孩子有关的其他信息均未被提及。

贺博士的所作所为表明，他完全无视世界各地科学界和伦理学界的评论。而这类行为恰恰需要世界范围内的各界人士广泛参与辩论。他在这些婴儿的生命中扮演了上帝的角色，以可遗传的方式改变了他们的 DNA。我们无法确定这种行为的后果，以及谁是利益攸关方——不仅包括露露和娜娜的后代、他们的家庭和社区，还包括你、我和全人类。

这个极端例子充分说明了分散权力具有无法监测、难以管制、成本低廉和容易获取的特点。贺博士无须为技术花费数百万美元，也无须制药公司支持和政府批准，就能改变人类生殖系基因组。随着技术成本不断下降，获取技术和材料的机会逐步增加，这种得不到遏制的威胁只会愈演愈烈。

例如，现在大家在网上随便就能买到五花八门的基因编辑实验工具套装。其产品详情、危险系数以及重大风险（如制造生物武器）都超出了我的专业范围。不过有专家表示，目前存在风险的概率很低。

但是，我认为关键不在于目前的风险有多小，而在于必须考虑到，在短期、中期和长期内推广这类技术会逐渐带来哪些潜在后果。这些工具套装难以管控，因为根本不知道谁会用、怎么用。无论是否与其他会导致严重危害的物品一样方便使用，这些工具都有可能被散播和滥用，造成难以预料的后果。与其他风险一样，这种风险也需要进行防范，以免带来伤害。

每次编辑一个婴儿的基因，贺建奎就能改变整个人类。

他的所作所为警示我们，违反道德伦理规范的权力确实能将人类推向深渊。不过，康克林博士的研究也表明，这些分散权力的技术还能救死扶伤，忽视这些好处的话，吃亏的是我们自己。

而其他科学成分含量少的分散权力形式，也有可能对无数人造成伤害。

<hr/>

2012年7月，24岁的得克萨斯大学法学院学生科迪·威尔逊在YouTube上发布了一段以众筹为目的的视频，请求大家帮他圆梦。在这段点击量已突破百万次的视频中，威尔逊独自坐在镜头前，纯白色的房间里摆放着多台电脑和大量技术手册。

他说道："我和一群朋友决定创办组织，但既不是公司，也不是商业协会。我们自称为'分散式防御组织'，只想与大家分享我们的想法。"这个想法就是，在不受机构制衡或监督的情况下分散权力。

他们想制造世界上第一把3D打印枪，只需约两万美元就能实现这个目标。威尔逊说："我们不是奔着产品去的，而是希望能创建可以通过互联网分享的电子文件。"

在这段八分钟的视频里，伴随着澎湃激昂的爵士乐，威尔逊阐述了自己的愿景——让世界上所有人都能自制枪支，一把"只需一击便能致命的枪支；我觉得这个想法很好"。表情冷峻的他语气平缓，仿佛在对唱诗班布道："拥抱这一想法的时代已经到来……我们希望这个想法被拿走，希望有人使用、修改和完善这份档案。"

"如今，我们已经跨过了这道坎，"威尔逊继续说道，"在家里就能打印出武器的想法即将实现。只要有台电脑，就能造武器。"这番话还真有人听进去了。"分散式防御组织"的筹款在短短两个月内就达到了目标金额。不久后，科技杂志《连线》将威尔逊列为"世界上最危险的 15 人"之一，名单还包括绰号"矮子"的锡那罗亚贩毒集团头目华金·古兹曼和叙利亚总统巴沙尔·阿萨德。

2013 年 5 月，威尔逊设计并成功制造了世界首款 3D 打印手枪，取名"解放者"。随后，他在网上发布了一段自拍视频，并将制枪图纸上传到自己的文件共享网站。仅两天，图纸下载次数就超过了 10 万次。于是，威尔逊决定退学，专心经营组织。

威尔逊的目的不在于创办科技公司或靠卖枪发大财，他主要想以无法检测、难以管制和逃离法网的方式分散权力。就连他起的名字都在强调分散权力，如"分散式防御"（组织名称）、"加密无政府主义者"（自称）和"自由之友"（同伴），更别说枪支的名称"解放者"。

威尔逊自称只提供制枪的"钥匙"，否认自己是枪支销售商，毕竟，销售商必然负有重大的监管责任。因此，在威尔逊看来，就算有人制造并滥用枪支，也与他本人无关。可我认为，威尔逊散播了信息（权力）和枪支零件（更多权力），却以为这些做法与道德、责任和安全使用无关。他本人也认同这一说法。这项技术扰乱了一般审查过程（如背景调查），因为并不存在实体枪店。威尔逊本可以提倡在自制枪里加入安全功能，并遵守通用的枪支法规。他甚至可以利用能检测出非法使用 3D 打印枪支的设备，帮助增强警察等公共安全人员的防护能力。但他并没有这么做。与贺建奎一样，威尔逊的行为也具备分散权力的所有特征。

3D 打印技术首次于 1986 年获得专利，最初用于低成本快速制造汽车、航空航天和医疗设备的部件。通过该技术可以使用同一台机器生产出不同品类的物体，将来或能造出人体器官。因采用塑料、木材或金属等非墨水材料逐层堆积，一层一层"打印"出实体零件的三维实体，这项技术也被称为"增材制造"。3D 打印产品的常见材料是丙烯腈、丁二烯和苯乙烯的三元共聚物。如果你常接触孩子，很可能曾经不小心踩到过这种坚硬光滑的聚合物，因为乐高积木用的正是这种材料。

如所有处于边缘地带的非二元创新事物一样，3D 打印技术也能带来好处。例如，无国界医生组织可以利用这项技术，在不到一天的时间内为叙利亚的战争受害者制作好假肢，且成本只有传统假肢的五分之一。除此之外，这项技术还有望为难民提供更安全实惠的住房，制成可沉入海底以刺激珊瑚礁重新生长的礁石，以及制作人体组织以帮助修复受损器官，等等。

另一方面，3D 打印技术提高了枪支和制枪者的反检测能力。说到制枪，只需 3D 打印机、计算机辅助设计软件、可下载的图纸，以及一些计算机基本技能就够了。这些塑料枪没有产品序列号，也就成了无迹可寻的"幽灵枪"。根据美国《不可探测武器法》的规定，枪支必须至少含有 3.7 盎司（约为 102 克）钢铁，以便金属探测器和 X 光机检测出来。为了符合这一规定，威尔逊给他的手枪"解放者"安装了放置金属块的隔层，但这个根本不妨碍射击的隔层是可拆卸的。2013 年，几名携带"解放者"的以色列新闻调查记者两次成功通过金属安全探测器进入以色列议会大厦，尽管这把手枪装有金属撞针。2016 年至 2018 年，美国运输安全管理局在全美范围内的机场安检处共检测到四次 3D 打印枪。

这种枪虽然价格低廉，但很不靠谱，至少早期会如此。2013 年，澳大利亚警方使用造价 1700 美元的"解放者"，一射击枪支就破裂。因此有人认为，3D 打印枪支数年内都不会构成重大威胁。

尽管风险尚未发生变化，但这并不意味着我们当下没有阻止新风险扩散的义务。如上述基因编辑工具套装，我们有责任现在就着手应对潜在的后果：道德伦理是未雨绸缪，而不是亡羊补牢。事实上，新权力被分散的同时，还需要继续管理权力的传统来源，无论是枪支、核武器还是政治宣传，我们要防患于未然。在美国，每天都有无辜民众因保护措施不力和法律规定不完善而遭遇枪支暴力。而对这一现存威胁束手无策或避之唯恐不及，都不应成为迟迟不关注 3D 打印武器的理由。这种现象应该是一记警钟，提醒我们要加倍努力去改变这两种做法。延缓处理有百害而无一利。

威尔逊也强调过，他自制的"解放者""只需能致命一击"。一发子弹既可以防卫自保，也可以攻击他人。制枪图纸的下载量如此之多，更不用说分享次数了，可想而知会带来多大的风险。世界上或许会增加数十万支"仅有一发"子弹的枪，还有 3D 打印的攻击性武器等。怎样才能阻止有人使用这些塑料枪，在法院、机场、火车站、音乐厅和学校操场胡作非为呢？当下，我们必须思考：阻止他们会面临哪些困难？根据决策框架，我们知道其中可能存在巨大的道德风险（信息），而随着技术不断发展，作为监管者和公民的我们，对自己决策的潜在影响（利益攸关方，以及现在和未来会出现的后果）也负有道德责任。

威尔逊对个人制枪权的捍卫，还夹带着对言论自由的痴迷。没有任何联邦法律禁止个人在家里制枪——可以制造枪支，只要不出售就行。但 2013 年，威尔逊在网上发布"解放者"和其他枪支部件的制造图纸时，美国国务院宣称他违反了 1976 年颁布的《武器出口管制法》，特别是《国际武器贸易条例》，因此下令要求其撤下图纸。这些法律皆在防止未经许可向外国人出售尖端武器、技术数据和培训服务，包括用于国防目的的微芯片、夜视镜和 F-15 战斗机等，以防止他们利用这些手段制造大规模毁灭性武器，破坏各国社会稳定，或以其他方式伤害美国及其盟友。

2015 年，威尔逊控告美国政府强迫他删除图纸，认为在网络公开图纸属于言论自由，当局的做法违反美国宪法第一修正案的言论自由权利。美国第五巡回上诉法院审理了此案件并驳回了威尔逊的强制令申请。法院在裁决中写道，虽然威尔逊的宪法权利可能暂时会受到损害，但强制令的通过可能永久性地损害国家安全。

可三年后，2018 年 6 月，美国国务院改变了立场，同意与威尔逊达成和解，赔偿其 4 万美元律师费，并允许他在网上公布制枪图纸，其中包括 AR-15 半自动步枪——2012 年桑迪胡克小学大屠杀等大规模枪击事件中枪手所使用的枪支。美国 19 个州以及华盛顿特区联合提起诉讼，试图阻止这项和解协议。2019 年 11 月，西雅图一名联邦法官同意诉讼请求，裁定该协议违反了联邦法律。

权力的分散是一传十，十传百。法律努力跟上步伐的同时，危险武器的打印图纸仍在以不可阻挡之势四下传播，且传播范围并不仅限于威尔逊的网站，追查难度相当大。2019 年，科技杂志《连线》报道了一个分散管理的 3D 打印枪支爱好者全球网站（为了致敬威尔逊）自称"威慑分发"，至少有 100 名成员致力于将自制塑料武器散布到偏远地区。该组织成员利用数字共享平台交流想法、反馈意见和共享设计文件，将图纸上传至媒体托管平台，还会分享枪支原创设计和旧图纸的改版，且向所有人免费提供图纸。

2020 年，科迪·威尔逊带着新网站和商业模式重新进入大众视野。他宣称这次会遵守联邦法律，只有美国居民才能访问他的网站并获得数以千计的枪支图纸，这规避了法院命令中的出口管制。技术、监管、社会容忍度和胡作非为之人的互动和纠葛还将继续。

著名思想家兼记者莫伊塞斯·纳伊姆在《权力的终结》一书中提醒道，权力是无法衡量的："你无法对它进行统计和排名。只能比较掌权者、权力来源和表现形式。"在上述事例中，掌权者就是"威慑分发"组织的个人行为者，他们在自家用塑料仿制 Beretta M9 手枪和 AR-15 式步枪；权力来源是易被滥用的技术与法律的去权的结合体；表现形式为可能导致无辜者死亡。

3D 技术的检测难度越来越大，滥用技术的后果也越来越严重。有时要等到伤害造成，我们才意识到问题的存在。即使掌握信息（例如知道暗网有人造枪），也无法预见并监测后果。

这些事例表明，分散的权力削弱了法律的影响力，不完善的国家法律体系无法依法管理和跨越国界保护公民。在技术无界的边缘地带，管辖权仍无明确规定，即使法律跟得上技术发展，也几乎不可能执法。结果，法律起不到威慑作用。贺建奎和科迪·威尔逊的事例说明，我们无法重新制定有效可行的法律来管理创新技术，因为分散权力的掌权者总能轻易钻现有法律的漏洞。

分散权力甚至扩展了个人权利的界限，无论是对孩子身体特征的决策权，还是言论自由权。这让我们回到对边界的定义。分散权力使法律越来越难以适用于现实情况，这时，道德伦理便起作用了。正是分散的权力，提高了道德伦理在选择过程中的重要性，也扩大了道德伦理的责任范围。尤其是，这种权力颠覆了对企业、个人和政府的决策权的类型和范围的传统认知。

权力的分散不仅能为个人赋能，也能为企业所利用。两者似乎自相矛盾，企业一方面将权力分散（给无权者），另一方面又聚集权力（通过利润和技术引领以及干扰政府活动来实现）。

分散权力需要企业的参与，例如通过出售或提供社交媒体、3D打印机、基因编辑工具或共享经济平台等方式。我与这些企业探讨的第一个道德问题是：销售产品和服务时，他们在多大程度上意识到，自己对分散权力负有责任。以说明用户责任和使用限制的服务条款为例，虽然许多公司要求用户同意接受服务条款，但这些条款基本都是为了转移企业的法律责任。它们并不代表公司对权力分散的潜在后果有高瞻远瞩和深思熟虑的规划。但由于边缘地带权力分散，轨迹错综复杂、难以预测，即使竭尽全力，往往也无法在技术或服务推出前对用户的使用情况做出周全考虑。

我是坚定支持创新的伦理学家，技术使用者也要负一定责任。但是，如果权力分散后随之带来更多的利润和影响力，那么公司就负有极大责任，要确保在有人利用创新产品造成伤害之前，公司能够按下"暂停键"。由于法律法规和服务条款都无法有效控制滥用行为，公司应考虑如何在技术中设置"道德制衡"。我每次都会问客户："能否利用技术，在推出产品的同时，也遵守道德规范？"

企业在分散权力的同时，也在垄断权力。企业增加权力的新方法是将原先属于政府职责范畴的领域私有化。想起第一次参观史密森尼国家航空航天博物馆，简直让我目瞪口呆。当时，美国的太空领域还属于美国国家航空航天局——主要负责民用太空计划的独立政府机构。可如今，一提到太空，我的学生想到的是首席执行官和企业家，如特斯拉创始人埃隆·马斯克的 SpaceX、亚马逊创始人杰夫·贝索斯的"蓝色起源"，以及理查德·布兰森的"维珍银河"等太空探索技术公司。这些商业巨头不仅主宰太空新闻头条，还主宰我们的想象力。

但是，当原属于通过民主选举成立的政府所管辖的领域落入个人手中时，就会出现前所未有的困境。道德责任的界限需要重新划定。例如，太空旅行是美国国防及其与盟国关系中不可或缺的一部分。政府在安全方面必须掌握绝对控制权，还要对公众、潜在投资者和乘客保持信息透明。政府和企业还必须为公民提供平等的太空旅行机会。此外，分享利益的责任问题也日益成为关注的焦点。例如，企业将如何为造福社会而公开其独门研究和知识？

这些企业能力非凡且资源丰富，政府应该好好加以利用，否则恐怕会错失国防、气候变化研究、社会人工智能等领域的发展良机。面对这些领域的挑战，我们没有时间或资源可以浪费，同时还需要很多利益攸关方的积极参与。当前，政府与企业在上述多个领域开展合作。例如，2020 年，美国国家航空航天局与 SpaceX 合作，航空航天局宇航员搭乘首次商业载人飞船"龙飞船"前往国际空间站。虽情况各不相同，但政企合作能获得更多的机会和更高的关注度。

不过，在此还是要强调一个基本点——我们不能容忍道德垄断。与道德垄断给社会和人类带来的风险相比，在线搜索或社交媒体等服务垄断，以及企业在原属于公共机构管理的领域参与度越来越高，都显得微不足道。

不幸的是，技术正在散播的危险观点是，法律和道德仅仅是一种选择而已。太空、国防和货币管理等（原属于公共部门管理的）领域，不应被少数企业巨头控制。我们要警惕"滑坡问题"。特定企业可以为政府提供研究、产品和服务，这类政企友好合作有助于推动社会发展。允许一家企业横亘在公民与公共产品（无论是太空领域，还是数字货币）之间，和允许多家公司有机会左右与国防、健康、环境等领域相关的国家政策，是两种截然不同的概念。最重要的是，尽管企业可能会在某些领域存在垄断行为，但我们不能任由它们，或被它们赋予权力的胡作非为者来决定社会的道德规范。

进行个人选择时要考量分散权力的影响，做到这一点主要靠我们自己。例如，至关重要的医疗选择应该以原则为出发点和关注点。

在边缘地带，各项原则面临的最大挑战是相互之间很可能起冲突。二元选择，如消除种族主义，通常与我们所有原则保持一致，例如，安全、诚信、同情和尊重都处于种族主义的对立面。但非二元难题，即每个决策都优缺点兼具，可能需要我们对原则进行权衡并确定其优先顺序，甚至可能做出妥协。例如，是先考虑未经证实的疗法的安全问题，还是先大力支持这种可能成功的疗法或增强幸福感?

虽然无法预知自己遇上危及生命的健康问题时作何感想,但了解原则如何发生冲突有助于我们坚定自己的想法。我曾分别任职于巴黎美国医院和巴黎巴斯德研究所的伦理委员会,亲眼见过身为父母、医生、护士、研究人员等利益攸关方在道德问题上纠结万分、悲痛欲绝。而 CRISPR 这类技术只会增加涉及原则冲突的医学伦理困境,最好在面临生死抉择或发表言论前就预先想清楚要坚持哪些原则。这不仅有助于你在突然陷入两难境地时知道如何打定主意,还可以帮你将当下的决策与许多以往经过道德考量的决策联系起来并保持一致。

这些医疗机构的患者会面临以下难题:操纵人类胚胎是为了消灭亨廷顿病等致命家族遗传病,还是为了治疗听力障碍?想起康克林博士的担忧,我们应不应该允许望子成龙的父母操纵影响孩子智力、音乐天赋或运动能力的基因?遇上这类非二元决策,要问自己:"我会在什么时候、什么情况下使用这种技术?社会大众会在什么时候、什么情况下接受我的做法?"而这些问题,只有你自己根据自身情况或个人的社会观,才能得出最佳答案。但如何运用原则,尤其是对它们作何排序以化解冲突,不仅体现你的个性,决定你要面对哪些后果,也会对他人造成严重影响。

框架的第二个要点是,弄清你对信息、利益攸关方和后果的评估,是否具有权力被分散导致的无法追踪、易获得和难以管控等特点。你有没有考虑过,合理道德决策所需信息难以收集，而且谁是实际和潜在利益攸关方也难以预测。假设你要为孩子的健康做决定，或者要给一项关于限制在很多儿童身上使用基因编辑的法规投票。你未知的信息和已知的信息同样重要。

但是，我们如何能将责任分配给这些利益攸关方，并重新引导他们考虑道德伦理？以科迪·威尔逊事件为例，利益攸关方包括制枪者、受制枪行为影响的人、权力传播的暗网、社交媒体和信息共享网站、法律法规、立法者和监管者，以及普通民众。有时，我们可以确定哪些利益攸关方应负责任（如监管者和立法者），有时却无计可施（如歹徒在自家客厅里打印突击步枪）。有时，对方炫耀权力的欲望有助于我们追查和问责（如贺博士对科学荣誉的追求、科迪·威尔逊的言论自由主张）。而担负责任的不仅是心怀歹念的恶徒。温厚善良的专家、政策制定者和遭遇生活困境的个人，都可能在忽视道德伦理的情况下导致权力分散，因为我们无法完全预测到某个决策会给别人造成什么影响。

若无法确定利益攸关方，预测后果就变得异常困难，甚至不可能。可能会有无辜者被枪杀，也可能会出现基因编辑行为。但随着时间的推移，范围、规模和潜在后果的预测更是难上加难。可想而知，3D 打印技术会越来越便宜，越来越容易获取，导致武器制造的扩散，造成无法控制的影响。除此之外，若操纵胚胎基因组，人类生殖系基因组也会受到影响，但这对子孙后代、企业、法律、政府和人类物种会带来什么影响，我们不得而知。

为分散的权力分配责任时，还要考虑分散的不平等现象。立法者意识到监管滞后于权力的分散，于是正转向诉诸道德伦理，这让人稍感意外。我能理解立法者寄希望于道德伦理、为加强监管做好铺垫的做法——只要我们继续督促他们提高监管和执法能力。

2019年4月，我约见了加州第17区国会议员罗·卡纳。作为硅谷地区的国会代表，卡纳致力于让硅谷的科技力量造福大众，这也是我想了解其工作重点和方法的原因。他笃定地对我说："任何人都能成为下一个埃隆·马斯克"——创新发展，创造财富。他认为从道德角度来讲，我们不能创建一个将老年人排除在外或存在经济不平等现象的社会。

卡纳正尝试以更平等的方式分散权力，希望传播数字知识和技术的好处。为此，他采取多管齐下的措施，包括提出制定《互联网权利法案》，让消费者对个人数据掌握更多控制权，以及努力为被科技浪潮抛弃的地区创造就业机会，如肯塔基州和西弗吉尼亚州。他还倡导硅谷更多地关注其他问题，而不光是"汇回税、加密和专利"。卡纳认为硅谷眼光狭隘，"对于一个真正希望改变人类文明的地方来说，硅谷过于目光短浅了"。

他的工作展现了政府如何涉足法律之外的道德建设。我也身体力行，加入了英国数据伦理与创新中心董事会，该中心负责向英国政府出谋划策，让数据和人工智能最大化造福社会。此外，我还加入了欧盟人工智能高级专家组，为欧洲人工智能战略建言。这些措施都能吸引更多利益攸关方的参与，有效促进有关道德伦理的讨论，为监管提供更多信息。但是，与监管机构一样，这些措施面临着分散权力带来的挑战，且无法替代有效监管。

这些观点在企业、政府和个人之间的相互作用中形成了我们做决策时所处的边缘地带。我们越来越从道德的角度考虑自己的权利范围以及自己与他人之间的权利关系。

分散的权力飘忽不定、难以问责，让人不知所措。贺建奎不顾国际公认的科学和伦理准则，利用 CRISPR 技术操纵胚胎基因组，而科迪·威尔逊的信徒则另辟蹊径，继续在网上分享枪支图纸。即便政府或法律部门竭尽全力，我们也难以相信他们能保护我们不受分散权力的影响。

贺博士在"第二届人类基因组编辑国际峰会"公布自己的研究情况后，《自然—生物医学工程》期刊在一篇社论中提出，基因编辑的未来发展应由整个社会，而不仅由科学家来决定。生物伦理学家和基因编辑专家都一致认为，我们需要就这项技术的伦理问题，与伦理学家、社会学家等相关领域专家展开更广泛的探讨交流。同时，还需要各行各业的外界人士来讨论分散权力的技术，如 CRISPR 和 3D 打印枪，你也能参与进来！

CRISPR 技术开创者杜德纳博士曾向 NBC 新闻讲述，她诧异于竟无人关心这项会让我们的生活发生结构性转变的技术。"我去儿子的学校参加家长会，或请邻居来吃饭时，"杜德纳说，"我感觉到，'天啊，在我的小小科学领域之外，竟没人了解这项会影响所有人生活的技术'。"

在这项技术的发展过程中，你的意见非常重要，不仅要让更多伦理学家和专家参与进来，还要让所有人都参与讨论。在努力解决这些问题并思考他人的决策和观点时，企业首席执行官、政治家、科学家和技术创新者要牢记分散的权力。我们都可以设身处地站在他人角度，如德莱尼·范·里珀、3D 打印枪支的潜在受害者，甚至是未来的平民太空旅行者，检验自己的观点和决策。

权力还会继续以前所未有的方式分散，远远不限于塑料武器和生物武器化，这些技术会一直存在。有些技术，我们可以选择在什么时候、什么情况下使用；但有些则由不得我们选择，如警察和移民部门使用的面部识别技术。我们可以被动地接受，也可以主动地发声。无论是科学家、产品测试员、立法者、生物学学生或 3D 打印爱好者，还是偶然发现问题的网民，不管以什么身份作为利益攸关方，你都有机会阻止胡作非为之人、企业巨头，甚至是善意的科学家和创新者对道德的垄断。

如果选择时不考虑现实情况，那么边缘地带只会越来越大。不受约束的分散权力会导致不道德行为的蔓延，并滋生其他危险的不道德行为。

# 第三章
# 传染效应

普利策奖获得者罗伯特·卡洛说过，1948年得克萨斯州众议员林登·B.约翰逊和得克萨斯州州长科克·史蒂文森之间的参议院席位民主党初选，是20世纪美国政治历史的转折点之一。卡洛在系列传记《林登·约翰逊传之二：升迁之道》中写道，这是"政治道德问题的生动体现"。我们会在下文看到，这一竞选过程中，具有传染效应的不道德行为层出不穷。

卡洛表示，这两位候选人的竞选风格体现了"新旧从政准则的对立"。作为老派人物，受人爱戴的"牛仔州长"科克·史蒂文森更注重原则，而非政绩。一名说客告诉卡洛："科克·史蒂文森不仅光明磊落，还公正不阿。"史蒂文森的竞选活动简单，会亲自驾车到镇上与选民交流，但很少做巡回演讲。

而作为新派人物，约翰逊则"会不惜一切代价赢得胜利"，包括采取动摇选民的策略。卡洛指出，这些策略如今虽司空见惯，但都源于约翰逊在1948年的竞选。例如，他不仅通过科学民意调查、广告和公共关系专家来频繁获得电台报道，还利用"媒体操纵"技术来"影响选民"。他无视顾问的建议，谎报史蒂文森的得票情况，并在演讲中嘲笑他，称他为"无为先生"。约翰逊没有使用竞选巴士，而是直接雇了一架直升机送他到演讲现场，还请了乐队在他降落前演奏，以吸引围观者和成为头条新闻，以此增强竞选信心。约翰逊告诉记者："看着人头攒动的选民，我觉得自己就像一股旋风，席卷了选票。"

但1948年8月28日（星期六）的初选日，开始使用投票机的达拉斯、休斯敦和沃斯堡很快统计完毕，最初结果显示史蒂文森以两万多票的优势击败约翰逊。但大多数选区仍采用纸质选票。接下来的三天，各选区的选举法官清点了将近100万张选票，然后以电话或电报的形式汇报给得克萨斯州选举局。史蒂文森的领先优势逐日缩小。

8月31日晚7时，选区选举法官在截止时间的最后时刻上交投票箱、计票表和投票单，选举局宣布了新的统计结果：约翰逊获得494,206票，史蒂文森获得494,555票。史蒂文森仅领先349票。虽然这只是非正式统计，但各大报纸都宣布这一优势肯定能保持。甚至连史蒂文森也"认为自己赢定了"，卡洛说道。

随后几天，民主党执行委员会反复查验计票表，不时向州委员会提出更正意见。根据卡洛的描述，约翰逊的工作人员当时开始致电得克萨斯州各选区的竞选经理和当地领导，询问是否可以"重新查验"，"找出"更多选票。至少有一个人同意了，他就是政界大佬、控制着得克萨斯州南部几个县的商人乔治·帕尔。帕尔对约翰逊有感激之情，因为约翰逊曾帮他获得1932年逃税罪的总统赦免。"他就等着电话来电，看看林登·约翰逊需要多少票。"卡洛写道。

9月3日，选举结束6天后，吉姆·韦尔斯县委员会成员开始审查其选区的计票表，并将其与上报的票数进行核对。前12个选区的票数均一致。第13个选区，即得克萨斯州的爱丽丝小镇，由乔治·帕尔的执法者和选举法官路易斯·萨拉斯监督。萨拉斯曾参与酒吧斗殴，打死一人后逃离了墨西哥。他之前上报约翰逊得了765票，史蒂文森得了60票。可现在，他提交的计票表却显示约翰逊得了965票，多出了整整200票。

当天下午，得克萨斯州各地的更正信息都已上报选举局。新的统计结果出人意料：约翰逊以87票的优势击败了史蒂文森。

史蒂文森及其律师立即拜访了民主党执行委员会秘书，要求查验13号选区的投票名单和计票表。秘书一脸不情愿地让他们查看名单，看见对方抄写名字便赶紧收回。但眼疾手快的律师发现，萨拉斯提交的选民名单上，765的"7"被改成了"9"。此外，名单最后的201个名字（其中200人投给约翰逊，1人投给史蒂文森）的笔迹和墨水都如出一辙，且均按首字母排序。

接着，律师走访了名单最后一名真实投票者——爱丽丝小镇居民尤金尼奥·索利斯。索利斯回忆道，他到投票站时离关门仅剩20分钟，当时没见到其他人。这就意味着，在最后 20 分钟内，还有 201 名选民按姓名首字母到场排队，除了一人外，其他人都投给了约翰逊。律师联系了在索利斯之后签到的 9 人（因为名单被收回前，只来得及记下 9 个名字），他们当天都没有投票。9 人中还包括 3 名已故者。

尽管选举舞弊的证据确凿，得克萨斯州民主党执行委员会的忠实支持者仍帮助约翰逊以 29 比 28 的选票结果胜出，让他成为该党的大选候选人。史蒂文森不甘言败，向联邦地区法院法官成功提出申诉。法官下令，将约翰逊从选票上除名，并举行听证会。但乔治·帕尔出手相助，设法拖延时间，有关证人突然要么不在国内，要么联系不上了。路易斯·萨拉斯还声称，放在车里的第 13 号选区投票记录被人偷走了。后来法官下令提交吉姆·韦尔斯县的所有投票箱（包括 13 号选区的投票箱）以便逐一验票，投票箱的钥匙竟突然丢失，请锁匠开锁再次耽误了调查进度。

同时，约翰逊的私人律师亚伯·福塔斯还从法律的角度暗中制定了一项冒险策略，目的是终止调查并确保提名约翰逊。福塔斯策略的依据是，州选举只受州法律的约束，不属于联邦法院的管辖范围。卡洛写道，福塔斯计划向联邦巡回法院提出上诉，阻止听证会的举行，但为了输掉这场官司，他们不会提出有力证据，以便迅速进入美国最高法院的审理阶段。到了最高法院，他们将向第五巡回上诉法院唯一的行政负责人——陪审法官雨果·布莱克提出更有力的论据。福塔斯确信，布莱克法官会因管辖权问题而叫停联邦地区法院的听证会。

福塔斯的计谋得逞。就在 13 号选区投票箱将当庭开箱查验的前几分钟，布莱克法官同意约翰逊提出的管辖权异议，宣布联邦地区法院的命令无效。听证会戛然而止，13 号投票箱原封不动，那数千张来自帕尔所掌控的选区、支持约翰逊的选票也未能查验。不久后，13 号投票箱便不知去向。

卡洛写道："永远无法当庭证明，其中部分选票是已故者'投'的。"约翰逊依然是候选代表，并于 11 月击败共和党候选人，赢得美国参议院席位。1960 年，他成为约翰·F.肯尼迪的副总统竞选伙伴。1963 年，肯尼迪总统遇刺身亡，约翰逊宣誓就职，继任第 36 任美国总统。

卡洛表示："约翰逊在 1948 年的选举胜利包含'改变历史的 87 张选票'。"此话不假，因为约翰逊的总统任期是美国历史的分水岭，他若输了那次选举，可能根本就当不上总统。

卡洛对约翰逊"掌权之路"的描述，为我们研究道德决策的第三种驱动因素"传染效应"打下了很好的铺垫。"传染"一词常指疾病的传播，但此处用来描述行为、思想和决策的传播。早在约翰逊开启政治生涯之前，这种永恒的力量就已经对道德决策产生了重要影响，但在边缘地带，这种力量变得更加强大。

关于传染效应的关键点在于，我们总是致力于消除和惩罚不良行为，却忽视了这些行为蔓延的根源——我们一直未能真正理解传染机制的重要性。道德决策框架有助于预防不良决策及其后果的扩散，并促进积极行动的传播。

　　林登·约翰逊的事例等都表明了，不道德行为具有极强的传染效应。这种行为会自行传播，以至于习以为常，甚至连可能从未动过邪念的善良之人都开始想：既然别人都这么做，那可能也没什么坏处。或者想，别人都这么做，我为什么不行？随着这种想法不断蔓延，越来越多的人争相效尤，不当行为逐渐变成"正常"或"例行"做法（传染效应也可促进道德行为，但需要积极引导才能发挥正面作用）。

　　对于约翰逊来说，早在1948年竞选参议员之前，传染效应就已开始影响他的政治生涯。13号投票箱丑闻发生的七年前，他曾是腐败行为的受害者。1941年，32岁的约翰逊作为国会议员竞选参议院席位。据得克萨斯州公共广播电台报道，他的主要对手是该州州长、电台名人兼"广告商"W.李·"帕皮"·奥丹尼尔。1941年6月28日选举日当天，有96%的选区报告称，得克萨斯州选举局获得的结果显示约翰逊领先5000票，各大报纸也宣布了他的获胜消息。约翰逊胸有成竹，迫不及待地要求主要选区公布这一最终结果。可是，奥丹尼尔的团队趁此机会，致电忠诚于他的得克萨斯州东部和南部选区的政治大佬。随后，他们提交了"迟来的"选票，让奥丹尼尔以领先近1100票的结果击败约翰逊。

　　曾眼看胜利果实被偷走的约翰逊效尤。卡洛写道，约翰逊的盟友一再为其开脱，称1948年的竞选票数作假"只不过是得克萨斯州政治圈子的正常做法"。换句话说，这种做法具有传染效应，后来又发生了突变。

　　突变是指某人最初的行为，引起自己或他人做出其他不道德行为。例如，通过撒谎掩盖事实、依靠贿赂让人保密，或者无视已知的安全做法和监管失误，设法让飞机继续运行。

"演变""转变""发展"和"改动"等既褒又贬的词，也有"突变"之意。但在边缘地带，"突变"引发了其他无法预测、影响范围空前的不当行为，导致最初的行为加倍蔓延和突变，并扩大了不道德行为的程度和影响。反过来，这又会增加识别利益攸关方和长期后果的难度。

无论是哪种道德困境，其传染效应几乎都会让陷于其中的利益攸关方难以逃脱。有时，勇敢抵抗的利益攸关方会伤及自身，如工作不保或关系恶化。好比约翰逊及其支持者，他们污蔑史蒂文森，当庭欺骗法官，"弄丢"投票记录，并试图掩盖作假证据。种种突变行为已将他们"吞噬"。甚至连约翰逊的直升机飞行员也弄虚作假——约翰逊累得无法会见选民时，便留在飞机上休息，让飞行员在会场上空盘旋，假扮约翰逊用扩音器向群众讲话。

一般来说，不道德行为都得有同伙协助。若不是乔治·帕尔、路易斯·萨拉斯、亚伯·福塔斯等人相助，约翰逊很难在第二次参议院竞选中获胜。如果没有获胜，他担任总统期间的众多突变情况可能也不会发生，尤其是他在1965年提名曾有助于他的福塔斯为最高法院大法官。突变行为者越多，后果就越棘手，影响也就越持久。

尽管不道德行为需众人帮腔，但有时只需一个旁人，就能有效阻止不道德行为的蔓延。如果美国联邦航空管理局在狮航坠机事件后开展相应调查，并采用更严格的认证流程，就有可能避免埃塞俄比亚航空公司的空难。

处于道德决策边缘的人容易受影响，而且越来越多的人也被界限模糊的不道德决策笼罩而不自知。有多少人了解政府部门如何利用公共场所照片来追踪行迹？说回约翰逊，美国内外有多少人清楚约翰逊如何依靠欺骗手段入主白宫，担任武装部队总司令，后来又得以左右越南战争？

显然，传染效应不会单独起作用，道德决策的所有驱动因素共同放大了这些行为。我们倾向于将道德问题过度简化为二元选择，以至于忽视了一些细微差别，若任其发酵，就会导致不道德行为的继续传播。例如，若我们认为社交媒体公司应为用户提供去除广告的付费选项，那就有可能忽略支付不起这笔费用的用户，造成"数字不平等"现象。另外，广告观看者越少，企业可能越倾向于采用操纵性的广告策略。

分散的权力会扩大传染范围，反之亦然。不仅要注意到这两种因素的出现，更要重视传染突变和权力分散的速度和范围。以 3D 打印技术为例，分散权力的广泛传播意味着，同时在家制造武器的人不止 1 人、10 人或 100 人，甚至可能有数百万人。传染和突变次数越多，利益攸关方就越多，权力也就越分散。

但是，传染效应也能以积极的方式分散权力，让更多人有权力和机会来推动有益的行为、决策和想法。例如，2009年，巴基斯坦斯瓦特山谷被塔利班控制，来自当地的马拉拉·优素福扎伊用笔名在 BBC 上撰写博客文章，讲述个人生活，质疑塔利班的动机。2012 年，15 岁的马拉拉因极力倡导女性受教育权而遭到塔利班极端分子的枪击报复。头部受伤的她幸存下来，其勇敢事迹传遍世界各地，其想法也广泛传播于互联网和社交媒体。此外，各界名人和各国领导也纷纷鼓励大家支持保护女性的受教育权。2014 年，17 岁的马拉拉成为史上最年轻的诺贝尔和平奖得主。

如今，无论是道德还是不道德的行为，都比以往更具传染力。而我们通常只关注如何消除不当行为，不去辨别和分析传染的动因。忽视动因是不道德行为迅速蔓延的主要原因，会让我们错失传播积极决策和行为的大好时机。

从根本上讲，传染的动因是促使人们做出道德或不道德决策的原因或动机。若未能根除这些动因（或利用它们做出积极决策），同样的行为和决策就会反复出现或发生突变。在 13 号投票箱丑闻中，若调查人员能继续调查，对选举舞弊者追究责任，这会是阻止不当行为层出不穷的第一步，也是关键的一步。如此一来，最初的舞弊行为和后来的突变情况，如目无法纪、有罪不罚和利益冲突，就都不会接连发生。

很多传染和突变失控的动因没有被调查清楚。如第一次空难发生时，事故原因（如目无法纪、监管不力、贪婪傲慢等）被忽视，不久后，空难再次发生；一名奥运明星运动员由于常见原因（如竞争、压力、嫉妒、追名逐利）服用兴奋剂，其他运动员、团队和参与者，甚至年轻运动员也纷纷效仿，直至"人人如此"。然后，服用兴奋剂衍生出贿赂检测员、跨国走私违禁品，以及威胁物理治疗师要其守口如瓶。

众多直接和间接动因共同导致正面或负面行为和决策的传播。有些是已存在数百年的传统动因，有些是伴随新技术诞生的新型动因。对这些动因进行分类（详见表1），有助于我们识别对当下决策真正重要的因素。不要被这份清单吓到，相信你很快就能知道如何识别各种道德问题的传染动因。

表1 道德传染动因

| 传统动因 | 新型动因 |
| --- | --- |
| 贪婪、恐惧、妒忌 | 无人驾驶汽车 |
| 无意识的偏见 | 社交媒体 |
| 名气 | 基因编辑 |
| 利益冲突 | 3D 打印 |
| 无效监管 | 护理机器人 |
| 傲慢 | 工作机器人 |
| 武断 | 人工智能 |
| 竞争 | 人脸识别技术 |
| 回声室效应 | 深度伪造 / 虚假新闻 |
| 有罪不罚 | 区块链 |
| 扭曲的激励机制 | 电子烟 |
| 滥用等级制度 | 共享经济 |
| 目无法纪 | 虚拟助理（Siri、Alexa 等） |
| 信息孤岛 | 自主武器 |
| 无效倾听 | 技术垄断 |
| 病毒 | 黑客攻击 |
| 举报者遭报复 | 民用太空旅行 |
| **歪曲的真相** | **歪曲的真相** |

传统动因虽有时比新型动因更难把控，但后者影响却极其广泛。例如，社交媒体和互联网将马拉拉的想法迅速传遍全世界。飞机、飞行出租车和民用太空旅行等先进技术，不仅增加了出行的速度和范围，也提升了想法、决策和行为的传播速度和范围。电子烟会致瘾（在同一个人身上重复发生），

并通过社交圈传播开来。某些新型动因在日常生活中已司空见惯（如共享出行平台和数字助理），但我们仍不清楚它们会如何传播、将带来哪些后果。在单个或多个因素的影响下，我们难以预料这些技术会如何使用、存在哪些风险，或该由谁来决策并承担一切后果。

传统动因在日常生活中随处可见。例如，压力有很多表现形式，还包含其他动因（如扭曲的激励与遏制机制、恐惧、性骚扰和不合理的绩效目标）。好比中学生会给同伴施压，或屈服于来自同伴的压力。成年人也会如此，觉得"就算我们不做，别人也会做"或"我不能冒这个险，不然工作就没了"。

追求完美是破坏性极强的传染动因。作为教育工作者，我经常遇到这种情况。面对难以实现的目标（如不切实际的爱美之心或业绩目标），有三种常见反应。第一种是放弃，若注定失败，就没必要尝试了；第二种是以欺骗手段达到目标；第三种是咬紧牙关，坚持不懈。1989 年至 2016 年间，一项以美国、加拿大和英国大学生为对象的"完美主义"主题研究发现，这种动因的作用变大了，导致抑郁症、焦虑症等心理问题，甚至引发自杀企图。追求完美不值得推崇，也很难实现，这么做不仅不利于决策，还会危害健康和个人福祉。

下面，我们就来仔细分析林登·约翰逊事件中的主要动因。

**歪曲的真相。**歪曲的真相是最具破坏性的传播动因之一，包括撒谎或否认、扭曲、不尊重事实。这一动因几乎从未传播过积极行为。约翰逊事件表明，歪曲的真相会长期存在，像滚雪球一样越滚越大，触发其他动因。卡洛等人指出，约翰逊谎话连篇，无论是非同小可的大事（身为总统，他发誓不扩大越南战争，但后来又往战场增派了几十万名士兵），还是不足挂齿的小事（声称自己感染登革热，但其实是肺炎）；也无论是个人问题（他的曾祖父没有死在阿拉莫，因为阿拉莫沦陷时，他的曾祖父还没到得克萨斯州），还是政治问题（对美国在越战期间的军费和作用轻描淡写）。卡洛还说，约翰逊早在大学时期就撒谎成性。同学们"都表示约翰逊对自己撒过谎……并认为有某种心理原因驱使他撒谎，使他即便知道谎言被发现，仍然一意孤行。他甚至会在被识破后，重复同一个谎言"。

在1948年的参议院竞选中，他对史蒂文森的诽谤传染效应极强。因此，他的演讲稿撰写人反复使用这些不实之言，直至新闻媒体也跟随报道——"你知道这是一派胡言，（但）你只是一而再，再而三地重复。关键就在于不断重复"。"可信度差距"一词指公众对政治家的主张和承诺的真实度缺乏信心。20世纪60年代中期，这个词被广泛用于描述约翰逊总统。当时，电视将越南战争生动地呈现在我们面前。正如今天的社交媒体和互联网一样，电视当时也为约翰逊传播歪曲的真相推波助澜。不过，它也能让持怀疑态度的人核查事实，并质疑他的谎言。

**压力与追求完美。**这些动因对领导层和普通人都同样重要。正如《升迁之道》第12章标题所示，这次选举对约翰逊来说是"不成功便成仁"，也是"他的最后一搏"。因此，一旦竞选结果不佳，他就只能弄虚作假或接受失败。

**自负与名声**。直升机、乐队，甚至是在直升机着陆时扔出牛仔帽的标志性动作，都让约翰逊收获了梦寐以求的大众与媒体关注。这不仅是竞选伎俩。自负与对名声的渴望，驱使他做出这样的行为。卡洛指出，约翰逊会奉承记者，并向观众介绍他们，但"只要报道有一丝批评"，他就会大发雷霆，"毫无理由地嘲笑这些记者"。

**权力**。根据卡洛的描述，约翰逊为追逐权力而倾其所有——他"不仅有辨别通往权力之路的天赋，还能毫不手软地扫清路障"。专注于争夺权力、痴迷于盲目忠诚且怀有勃勃雄心的约翰逊，为了政治利益而欺骗隐瞒，并引导他人做出类似的不道德和非法行为。卡洛披露，约翰逊不尊重甚至虐待妻子伯德夫人，还会怒斥或恐吓下属。

**傲慢**。约翰逊这类傲慢之人，总是自恃清高、自作聪明，往往不听劝告（他的顾问曾认为诽谤史蒂文森的做法并不妥当，但约翰逊并未听劝）。他们常害怕暴露自己的弱点或错误（这种恐惧心理又是另一种动因），所以，他们一般不会采纳别人的意见或限制自己的想法。此外，自以为是的他们也不会思考要获取哪些信息才能做出最佳决策。更糟糕的是，他们拒绝参与讨论，而讨论恰好有助于消除信息孤岛，防止真相被歪曲。我所认识的人或同事当中，没有哪个真正遵守道德规范的人性情傲慢。

**目无法纪、治理不力且有罪不罚**。罔顾法律、规则或原则会放任不道德行为，因为大家可能认为不当行为的风险很低，不会受罚。个人和机构会试探法律界限，从而引发更多类似行为，或增加行为的强度、频率或范围。此时，决策框架问题变成了"我能逃脱哪些惩罚"，而非"什么是符合道德规范的正确决策"。

在 13 号投票箱丑闻中，法律要求选区官员在规定的截止日期前上交选举箱、统计表和投票名单。然而，乔治·帕尔的效忠者却迟迟不交选票，还篡改计票号码，添加选民名字，并提供未经证实的更正，且没有受到任何惩罚。约翰逊吸取了 1941 年竞选的教训，只需等到对手在大选之夜上报结果，然后提供击败对手所需的票数。多年过去，在约翰逊逝世、帕尔自杀后，76 岁的路易斯·萨拉斯为了寻找"内心的平静"，决定揭露"那场政治腐败事件"。1977 年，他向美联社记者透露，自己为约翰逊窃取了选举胜利。"我们当地人有自己的一套做法，"萨拉斯说，"我们可以让任何选举法官'将80% 的选票给我们，其余20% 给对手'。"目无法纪、治理不力、有罪不罚等因素使他们将选举胜利收入囊中。

在边缘地带，要实现遵纪守法和高效管理异常困难。好比基因编辑和 3D 打印枪支等传染动因都无法检测，超出了法律约束范围。但我们至少知道有哪些动因，这是关键所在。

不道德行为不会自行戛然而止，传染动因也是如此。除非我们积极主动地消除（或好好利用）动因，否则它们会不断加剧，导致传播范围扩大且引发突变。这些动因持续存在，影响了约翰逊的行为，甚至相互作用。对权力和极度忠诚的追逐，促使他牺牲真理、充耳不闻，还利用恐惧操纵别人。这些都发生在广播电台尚属新事物的年代。如今，传统动因常与社交媒体等新型动因共同作用。

然而，很少有十全十美或一无是处的决策，人也如此，约翰逊也曾做出很多有益的决策。担任总统期间，他推行了一系列国内政策，即"伟大社会"计划，扩大公民权利，启动《医疗保险法案》《医疗补助法案》和"向贫穷宣战"运动。他签署了《1964 年民权法案》，禁止基于种族、肤色、宗教、性别或民族血统的歧视，还签署了《1965 年选举权法案》，禁止投票过程中的种族歧视。根据美国国家公园管理局的资料，他批准了 300 多项保护措施，包括 1963 年的《清洁空气法》、1965 年的《水质法》和 1966 年的《濒危物种保护法》，以上措施都有助于保护环境和扩大国家公园用地。

不过，正如我常对客户所说，道德领域不存在净得分。好的决策无法抵消不道德行为，我们要为每一个决策负责。

约翰逊的事例展现了不道德行为如何传染、突变，并导致他人重复不道德行为，直至这些行为不足为奇。但是，传染并不局限于明知故犯者，即使是安分守己的人也有可能加剧传染。善意之人会被卷入传染行为，引起国家健康危机，不经意间违背了"不伤害"的誓言。

2018 年 9 月，史密斯医生给 22 岁的大学生瑟瑞娜拔了下面的两颗智齿（为保护当事人的隐私，此处均使用化名）。

这次手术不简单，其中一颗智齿拔得很顺利，但拔另一颗时，却意外出现了并发症。瑟瑞娜的这次牙科手术比一般的更加复杂，术后感染更严重。

手术长达数小时，结束后，牙医给她开了 10 片布洛芬和一张止痛药处方。随后，她径直去了药店。药剂师照方开药，没有提出任何疑问。接着，她返回六人合租的学生公寓休息。

当天稍晚，母亲给瑟瑞娜打电话，关心手术情况。瑟瑞娜说觉得还很痛，不过牙医开了 30 片 10 毫克的 Percocet 药片，她回家时顺路买好了。说明书上写着，用于止痛，每 4 小时吃 1—2 片。

Percocet 是止痛药的商品名，含有对乙酰氨基酚（可退热镇痛）和羟考酮（强力阿片类药物）。根据美国国立卫生研究院的国立牙颌颅研究所所说，市面上类似的阿片类止痛药品牌还有奥施康定、Hysingla、Percodan、Roxicet、维柯丁等。这些药物可快速缓解侵入性外科手术后的严重或极端不适，或用于缓解慢性疼痛。但截至 2018 年，也就是瑟瑞娜做手术那年，已有大量媒体报道过阿片类药物极易成瘾。

美国卫生与公众服务部的报告显示，2018 年有 200 万人"初次滥用处方阿片类药物"，每天有超过 130 人死于过量服用阿片类相关药物。年轻人特别容易对阿片类药物成瘾。《美国牙医协会杂志》的研究指出，多达 350 万人或通过牙科看诊首次接触到阿片类药物，平均年龄为 20 岁。2018 年，俄亥俄州立大学的专家对约 1.95 万名来自美国 26 所高校的大学生进行了匿名在线调查。其中 9.1% 的学生表示曾滥用止痛药。调查问及是否曾经留存、赠送或转卖多余的止痛药，选择留存的人占 36%，赠送的占 7%，转卖的占 2%。

在瑟瑞娜进行手术前，阿片类药物滥用引发的全国公共卫生危机已是多年热门话题。她母亲理当担心，史密斯医生为什么还会使用这种极易使人成瘾的止痛药？她致电医生了解情况，一名手术助理解释道，瑟瑞娜的手术情况复杂，一次性开 30 片 Percocet 是常规做法。这种止痛药可以有效缓解术后的剧烈疼痛。助理还说，这样开药很方便，因为如果备药不足，按照法律规定，瑟瑞娜必须重新预约史密斯医生才能续药。

好在瑟瑞娜对用药非常谨慎，加上出现奇怪的不良反应，她有幸躲过一劫。吃了止痛药后，她出现头晕、恶心和失眠等症状，但疼痛感却没有减轻，于是便停止了服药（医生告诉她，有一小部分患者会对止痛药产生不良反应）。她把剩下的药归还给初级护理医师，转而服用泰诺，并在患处敷冰袋来缓解持续不减的剧烈疼痛。瑟瑞娜逐渐痊愈，但很多人却没这么幸运。大多数无辜受害者及其家人都没料到，遵照医嘱服药会导致药物成瘾。

史密斯医生竟对不当行为起到推动作用，这既出乎意料，又让人担忧。但是，传染的迷惑之处就在于此。我们以为做出不道德行为的都是坏人，如窃取选举胜利、接受制药公司贿赂或经营非法药物诊所（这类诊所或医生违规开出阿片类药物处方）的人。但是，传染效应可以将任何人拖入不当行为的泥潭，即便他是一名广受好评的牙医。

大学毕业后，史密斯医生在社区的一所世界级大学医疗中心附近工作。该中心提供广泛的专业知识和大量的分享机会，丰富了史密斯医生的实践。多年来，瑟瑞娜全家一直都向史密斯医生问诊，诊所还是由他父亲开办的。史密斯医生一向很关注最新的牙科研究和技术。他的员工热情周到、工作勤奋，努力实现"以病人和社区为中心"的使命。

在变化的世界里，史密斯医生仍坚持所谓的"最佳做法"或"常规做法"，这让他无意中推动了致命流行病的正常化。无论本意如何，他确实开了大量原本并不必要的止痛药，而不是限制患者服用容易成瘾的强效药，并加强剂量控制，即便当时阿片类药物滥用成灾。

本书的目的并非深入分析阿片类药物危机的形成与参与者。但是，在思考史密斯医生在哪里出现决策失误前，我还是想说明阿片类药物滥用的传播和突变程度。

这一危机与牙医无关，而是忽略了国家（甚至国际）悲剧动因的教训。具有破坏性的决策和后果层出不穷，以至于2017年10月，美国卫生与公众服务部在特朗普总统的指示下，宣布阿片类药物滥用为"公共卫生紧急情况"。正如史密斯医生绝不会故意伤害患者，那些从未想过吸毒的年轻人，正冒着极大危险滥用药物，而这竟源于正确服用合法处方药。阿片类药物危机的突变尤其令人担忧，如海洛因和芬太尼（通常是低成本和更易获得的处方阿片类药物替代品）的过量服用率上升、服用者转向注射海洛因而致的丙型肝炎感染率激增、毒品黑市扩张以及非法药物诊所激增。然而，这些还远不足以说明与监管不力和企业不当行为更直接相关的突变情况，如故意生产更容易致瘾的药物、非营利组织接受靠阿片类药物获利的企业捐款。

即使是善心之人，也会助长不道德的，甚至是致命的决策的传染和突变。只有善意还不够。为了减少风险、充分利用机会，我们需要将传染和突变，以及它们的所有动因都作为当前和过去决策的评估因素。某个行为可能（或已经）在哪里传播，或引起其他不当行为？哪些动因可能（或本可以）起作用？

现在来分析一下史密斯医生的情况，以及在被投诉之前，他本可以如何开处方。

我们从道德决策框架的四个步骤开始：原则、信息、利益攸关方和后果。对于史密斯医生来说，无意的过度开药并非出于原则。他坚持"以病人为中心"的原则，包括对预防牙科的承诺、技术、几代人的信任、温暖和乐观的护理环境。他的敬业态度表明他正在努力践行这些原则。

而他的决策框架中，最关键的步骤是"信息"——传染和突变等相关动因的切入点。无论是预防，还是回应，我们都必须考虑两点：第一，显性和隐性的传染动因；第二，已发生或会发生的传染和突变所引发的后果。我们若不将传染和突变考虑在内，就得不到所需信息。这样一来，也就无法为持续监测提供足够的信息。

在这个例子当中，我们可能会下意识认为，通常是贪婪

（医生从药品代表那里拿回扣）和利益冲突（医生接受了药品代表的宴请）促使医疗服务提供者开出过量阿片类药物，从而扩大了传染和突变的范围。但史密斯医生并没有受这些动因的影响，他并不贪恋钱财，似乎也不存在利益冲突，还一直坚守原则。许多医生和牙医都发现，自己无意中陷入了与史密斯医生一样的处境。他们得从别处寻找解决方法。

我们要对这个框架进行监控，比如思考："事情出现了什么变化？这些变化如何左右我的决策，并影响我对其他人决策的看法？"在这种情况下，传染的另一个最重要的潜在动因是，无法监测到外部环境的变化。

例如，史密斯医生很容易就能搜集到足够信息，从而意识到自己开具处方的标准不一定是最安全有效的。除了主流媒体的报道之外，牙科专业杂志和美国牙医协会的政策声明已明确表示，美国正陷入健康危机。2018 年，在瑟瑞娜手术前一个月，《美国牙医协会杂志》的一篇报道称，美国牙医协会和美国国家卫生研究院建立了伙伴关系，以帮助牙医更好地应对危机。还有研究表明，许多牙医已经改变了处方开具标准。1998 年年底，牙医开出的处方速释阿片类药物占总数的 15.5%；部分得益于牙医协会的政策，这个数字到 2012 年已降至 6.4%。

监控框架还需思考利益攸关方如何变化，以及传染和突变如何对不同利益攸关方造成不同影响。例如，医生会考虑患者的个人状况。一名无药物滥用史的 70 岁患者若术后需服用强效止痛药，尤其是如果家住得很远不便复诊的话，医生就会适当增加开出的药量，并明确说明如何服用和处置，以及存在的致瘾风险。但对于普通大学生，医生的做法可能不一样。

这个事例警示我们，如果"信息"这个步骤处理不当，就会引起连锁反应，影响到其他步骤。如此一来，我们就无法正确识别利益攸关方或潜在后果，最终导致决策脱离现实。

我并不是要提出医疗建议，也不是对任何特定药物或剂量的医疗适当性下结论。相反，这个框架有助于我们防止不当行为的扩散，并在违反道德规范时有效应对，弥补错误。在日常生活中做选择时，我们可以留意周围变化，无论是社交媒体成瘾的风险不断加大，还是优步和来福车等公司的安全报告已更新。我们都可以注意到自己的决策会对不同利益攸关方产生哪些影响。我们还可以问自己："我应该对决策思考方式作何改变？对我来说，什么是'正常的'？"如果回答是"其他人都在做（或还在做）的"，那就得提醒自己注意了。如果世界在变，而你决策时考量的信息却没变，那就要提高警惕。道德伦理规范必须跟上时代步伐，否则我们便会在不经意间变成传染的推动者。

我们虽然几乎无法预测所有引起传染的动因，以及它们何时起作用、如何发展，但可以尝试识别对自身情况最关键的动因。史密斯医生善待患者，认为自己采用的是最佳疗法，但在边缘地带，突变总会让人出乎意料。对于每一个决策，我们确实拥有比实际运用更多的权力来识别传染和突变，并积极主动地预防或消除所有动因。

"生命权、自由权和追求幸福权"是《独立宣言》序言里最常被引用的词语，每每提起都让人心潮澎湃。不过，我们可能低估了最后一句话的重要性，起草人以此申明了自己的责任："……以我们的生命、财产和神圣的荣誉彼此宣誓来支持这一宣言。"

投票不仅是一项权利，更是一份荣誉。美国最高法院大法官路易斯·布兰代斯曾写道："普通公民承担着最重要的政治职责。"行使投票权就代表着我们认同自己有责任维护这一具有影响力的职责。无论国家状况、政治形势或选举类型如何——暂且不论候选人曾做过的道德决策和行为，我们都可以在时间、地点允许的情况下，通过行使投票权来维护这份荣誉。我们可以通过思考如何投票，并考量候选人的道德素质或某个特定问题的道德因素，以维护这份来自领导者的荣誉。这也意味着要更新我们对神圣荣誉的看法，以消除种族主义、歧视、不平等和不公正现象。在美国建国时期，这些现象大肆泛滥、影响深远，也多见于建国文献。直到今天，我们仍需以极其谦逊的态度和不屈不挠的决心来应对。

领导人选举也有可能改变游戏规则，让传染和突变重新走上积极的轨道，但也有可能不会如此。所有领导人都拥有超乎一般的机会和责任来趋利避害。当选官员，尤其是国家领导人，要特别留心传染和突变在历史进程中所起的作用。领导人既是传染和突变的最强动因之一，也最容易受其他动因影响。

　　我从不告诉别人处理道德困境的具体做法，当然也不会指导别人投票。但这个框架可作为起点，告诉我们如何在投票时考量道德因素，并调整对政治领导人的道德行为的基本预期。

　　假设你要给总统、总理或其他高层职位的候选人投票，首先，决定哪些是优先考虑的原则。这是你的决策指南，表明了你如何思考以及期望他人怎么做。对你来说，哪些原则最重要？它们与候选人的原则如何达成一致？若候选人的表现有悖于你的核心原则，例如尊重真相或平等权利，你就得谨慎对待了。

　　与候选人出现原则冲突很常见，这时，你必须确定优先考虑哪些原则。例如，若你很重视性别平等，而意向候选人虽反对确保同工同酬的法案，却提倡环保（你的另一个原则），那么你就要确定原则的优先次序，然后做出妥协。

　　接着，深入了解现有的信息。许多人到了这一步，都会感到手足无措。有些人甚至选择不投票，这也情有可原，因为他们不知道如何消化所有信息，或是时间不足，或是无从下手。但只要抓住两个关键因素，就可以获取有助于进行道德决策的大部分信息。首先，要查证候选人是否言行一致，也就是说，他的行为是否与以往的做法、政策、投票记录以及对气候变化或经济不平等的具体问题的立场相一致。

　　其次，寻找候选人屈从或进一步扩散不道德行为传染动因的蛛丝马迹。最重要的是，要了解候选人是否尊重真相。任何藐视真相的行为都不能接受。一件事情的真相被扭曲，会蔓延到其他事情上，还表明可能存在其他负面的传染动因。这名候选人的言行就都不可信（如承诺、保证、所谓的公开透明、个人经历描述）。而候选人身边的顾问、支持者和工作人员（配角）也很可能发现自己像约翰逊一样陷入传染旋涡，因为他们没有站出来纠正真相。

在政治领域，常需考虑的主要动因还包括贪恋钱财、不公开透明（例如未披露医疗或税务记录）、滥用权力、要求下属忠诚、不愿博采众议和傲慢自大。从约翰逊身上可以看到，兼具这些传染动因的领导人当选，要付出很大代价。在边缘地带，这个代价会危及人类。此外，约翰逊还展现了扩展国家边界的可能性。

有想法的人或许在原则、议题和候选人等方面持不同意见。但是，我们都可以通过思考以下问题，尽量在投票时考量道德因素：

我的原则是什么？

这些原则如何与候选人的原则保持一致？

所得信息说明了什么？候选人的决策和行动是否与其原则相符？他是否言行不一、出尔反尔？

即便你对框架的运用止步于此，你投票时对道德因素的考量也比很多选民更深入，这提高了选出遵守道德伦理规范的总统或当地学校董事会成员的概率。

这个框架还可以指导我们应对棘手的常见难题。很多人对我说过，一名候选人在一两个关键议题上的意见与自己一致，想给他投票，但觉得他行为可憎。美国总统是世界上最具传染效应的道德动因之一。如果你是"注重某一议题的选民",甚至同意候选人提出的大部分政策,以至于可以忽略他的道德问题,那么,请你先问问自己:我是否能容忍朋友做出同样的事?我是否会袖手旁观,允许别人以这名候选人的方式对待我的伴侣或孩子?如果我公司的首席执行官也这么做,我会作何感受?

我经常见到的另一种情况是,选民要在两名以上不喜欢的候选人之间进行选择(当然,若有两三名候选人都通情达理且注重道德规范,你可以选择其原则与你最相符的那名,并接受可能会放弃一个或多个原则)。而对所有候选人都没有好感的选民会跳过这一过程,根本不投票,这是你的权利。但是,请不要还没运用这个框架,就早早做此决策。如果你已确定了原则和信息,但仍无法做选择(或如果你正考虑只就一个议题而投票给具有严重道德问题的候选人),那么,深入分析框架的后两个步骤——利益攸关方和后果,可能会有所帮助。

正如前几章所述,我们的决策从来都不只是与自己有关。但投票时,我们却常以为自己是唯一的利益攸关方。在今天的民主国家中,我认为我们有责任关注自己国家以外的利益攸关方和后果。对于美国、英国、欧盟、日本、澳大利亚和其他民主强国的公民来说,我们的投票会波及全球范围内的利益攸关方。我们选出的领导人,尤其是美国的领导人,会给世界其他地区带来巨大影响。

除了传染力强,总统还可以制定外交政策、外国援助或制裁、战略联盟，甚至发动战争。这可能会对其他国家的人民造成严重伤害，也可能给他们带来新希望。投票是一种特权，也是向全世界公民发出的信号：如果你在所生活的地方没有投票权和言论自由权，那么我们这些有投票权的人会为你着想。你的投票能够改变生活，并非人人都拥有这一权利，这就是它如此神圣的原因。

因没有喜欢的候选人而在投票时弃权，就表示你放弃了挑选世界领袖的权利。你无法让所有候选人都落选。首先思考，如果选择一名你完全无法接受的候选人，会产生什么后果？或者说，有没有哪些是非分明的问题，让你无法给某名候选人投票？例如，他们宣扬种族主义，或不负责任地主张核升级。

弃权票削弱了你对选举结果和后果的影响，无论是现在，还是将来。这意味着你放弃对无数的利益攸关方和事务发表意见，如国家安全、国内政策、隐私权、最高法院任命、监管权力、边境和移民，以及众多处于边缘地带的问题，如加密货币、自主武器、网络安全、人类生殖系基因组编辑、人工智能，以及比以往更加广泛、难以弥补且无法预测的种种后果。但因为你拥有选择的权利，所以也肩负选择的责任。我们对新领导人上任带来的风险和机会负有道德责任，即便不投票，也无法免除这份责任。

我还经常听到有人辩解称，之所以不投票，是因为我们这一票无足轻重。如果你也这么认为，那么我会告诉你，胜利是一张张票投出来的，而一票之差就足以落败。放眼世界，选举结果差距微小的情况早有出现——对这些选举来说，每张选票都无比重要。例如，2017 年，英国工党候选人艾玛·登特·柯德仅以 20 票险胜肯辛顿区时任议员。而两年后，她以 150 票输给了另一名候选人。2016 年，大卫·阿德金斯仅以 9 票的略微优势保住了他在新墨西哥州众议院的席位。2000 年的美国总统选举中，佛罗里达州最高法院支持重新计票，而美国最高法院裁决禁止这项饱受争议的工作。最终，共和党提名候选人乔治·W.布什仅以 537 票击败民主党提名候选人阿尔·戈尔，获得足以赢得大选的选举人团票数。1981 年，从未担任过公职、不被看好的伯尼·桑德斯以 10 票险胜时任市长，成为佛蒙特州伯灵顿市的新市长。

每张选票都会影响结果。然而，统计调查数据显示，美国在 2018 年的选举投票率仅为约 53%。而同年，瑞典的投票率却高达 87% 左右。根据英国的出口民调，虽然年轻人比老一辈更易受到脱欧的影响，但他们的投票率却低于后者。

我们所投的每一票，可以共同拼凑出整个国家的画像。静下心来认真思考要作何决策。正如罗伯特·卡洛所提醒的："深入研究某次选举——不仅研究候选人的政治纲领、理念和承诺，还要研究选举的结果及其所有黑暗面——充分挖掘这些方面的信息，由此便能了解民主国家竞选活动的普遍做法，以及塑造我们生活的权力本质。"

若有更多人将投票视为神圣的荣誉和责任，想必会在整体上提高我们对领导人的道德要求。可想而知，这将给全世界带来积极影响，而那些符合道德伦理规范的观念、行为和决策或许会得到更广泛的传播。

# 第四章
# 摇摇欲坠的三大支柱

　　我最近到伦敦的一个朋友家里做客。正在做晚饭的她朝桌上的圆柱形音箱问道："Alexa,伦敦明天天气怎么样?"被唤醒的音箱应道："下雨。"这是亚马逊公司发售的、搭载智慧语音助理 Alexa 的智能音箱 Echo。全世界可能有数百万家庭都在使用智能音箱。

　　Alexa 于 2014 年面世,我当时就对此持怀疑态度。毕竟,要查天气、听音乐,用手机就已经够方便了。而且更重要的是,一想到 Alexa 能"听到"我说话,我就浑身不自在。

　　所幸,在晚餐过程中,这个智能音箱一直没有发出声音,我几乎忘了它的存在。但尽管如此,我还是会时不时想起,好奇它到底是处于关闭状态,还是在"边听边录音"。

　　回家路上,我伸手掏钱包时,不小心激活了 iPhone 的 Siri 语音助手,听到她用机械冰冷的声音问:"请问您需要什么帮忙?"关闭 Siri 后,我开始思考这无处不在的智能助理对儿童有何影响。我要不要允许(已经长大的)孩子求助于甚至命令 Siri 或 Alexa?这会给他们心理和行为带来什么影响？下一代人是否有可能不再阅读新闻报纸，不再自主搜集信息，而是希望有个随叫随到的智能仆人？

去朋友家做客不久后，我在工作中也碰到与语音助理Alexa有关的内容。在为斯坦福大学的课程备课时，我读到一篇讲述 Alexa 协助侦破一起双重谋杀案的文章。文章写道，美国法官命令亚马逊公司将新罕布什尔州一户人家的智能音箱 Echo 的录音交给凶杀案调查人员，因为录音中很有可能包含"犯罪证据"。具体而言，法官提到"由亚马逊公司维护的"服务器"和／或使用记录"，其中包含音箱的录音。我隐约明白 Alexa 的音频数据储存于服务器意味着什么，但并不清楚这对我本人和全社会将产生什么影响。

我通读了亚马逊网站上的"常见问题"，提到了可以使用特定"唤醒词"来激活 Alexa，如 Alexa、亚马逊、电脑或 Echo。识别到这些词后，"你对 Alexa 的提问将被传送至亚马逊云端"，然后进行处理。我依然很不放心，继续往下读到"除非 Alexa 检测到唤醒词（或通过按钮激活），否则音频不会被存储或传送至云端"。

尽管做了一番研究，但我还是不清楚在家里或办公室添置 Alexa 会带来哪些后果。我对此毫无头绪。会有人听到这些录音吗？亚马逊公司会出售这些数据吗？和我交流的，不是一个有问必答的人，而是只能根据程序处理问题的机器。

新技术不断发展，如 Alexa 这类智能家居语音助手在日常生活中的使用越来越广泛。这导致道德决策的三大支柱土崩瓦解。尽管我们不断追问使用新技术可能会带来哪些后果，答案还是不尽如人意，起不到预防的作用。

几个世纪以来，我们对理解决策所依据的现实状况达成了基本的共识，对社会道德行为怀有共同的期望。这些基本期望都靠道德决策的三大支柱支撑：公开透明（公开分享重要信息）、知情同意（在了解行为及其后果的基础上同意采取行动）和有效倾听（理解说话者意图）。

处于边缘地带时，我们尤其需要这些支柱的支持，帮助我们在日益复杂的现实中重建共识。正如下文所述，我们有赖于这三大支柱来获取信息，并回答以下问题：在做决策时，我们是否准确了解利害关系（如信息、利益攸关方和后果），并对此达成共识？我们对决策应该如何划分道德责任？此外，这些支柱还将我们彼此联系起来，如医患、朋友、情侣、企业与消费者、政府与公民等，甚至让我们与机器在道德层面有更多的交集。

下面，我们将通过直接面向消费者的基因检测工具，如23andMe，探讨影响道德决策的第四个因素——三大支柱如何以及为何崩塌，这对道德决策有何意义。一起来看看，三大支柱应该如何运作，以及我们在做选择时，如何才能防止它们的崩塌；同意使用这些基因测试工具的消费者，即便是出于好意，如何在无意中暴露隐私和伤害与其有密切关系的家人、亲戚和其他人而不自知；随着用途和技术不断发展，这些测试工具将如何进一步动摇三大支柱；分散权力和传染效应如何参与其中；以及如何重建有效倾听。

三大支柱如下：

**公开透明**，指分享可能对决策结果——逐渐显现的后果与责任——产生有意义的影响的准确信息。公开透明并非披露所有潜在风险，但应该包括正常人根据自身情况做出正确选择所需的信息。例如，管制药物的信息透明度一般都很高，制药公司会说明使用剂量、禁忌人群、与其他药物的相互作用，以及潜在的副作用。大多数人都无须了解药物配方的来源或在其他国家的使用情况。而有些情况下，你可能必须做到公开透明，如出售的汽车有何缺陷，或向老板汇报你的工作失误。

公开透明还能为社会决策提供信息。我们期望政府在公共开支、贪污腐败和污染等问题上保持公开透明（这反过来也会影响我们的投票）。民众越来越希望企业能够公布与社会发展重要趋势相关的数据，如性别工资差距、增强多样性和包容性的措施，以及对促进环境可持续发展做了哪些努力（根据这些信息，我们可以决定是否加入该企业或购买其产品）。公开透明为知情同意提供依据，而这一点本身也很重要。

**知情同意**，指我们在了解内容和后果的前提下，同意做出某一行动。例如，孩子参加夏令营前，父母通常会签署同意书。他们相信，夏令营负责人会提前说明孩子可能会遇到的问题，而其中有些问题是父母没有考虑到的。若处理得当，同意书的信息应清晰实用，尽力让知情同意者充分理解。虽然知情同意书不能保证穷尽信息或获得某种结果，但它代表着对信息及其提供者的信任。

有效倾听，指我们需要专注于讲话者的说话内容和方式，以便理解他们真正想表达的意思。无论讲者（或听者）是夏令营负责人、医生，还是朋友，倾听与知情同意都相辅相成。在边缘地带，我们倾听时必须更加注意细节、微妙之处，甚至是言外之意，否则就有可能忽略信息差距的类型和大小。结果是我们无法识别利益攸关方、预判后果，最终影响决策。

这三大支柱为我们的人际交往提供了道德规范框架。情况乐观的话，它们有助于决策时准确评估信息、利益攸关方以及后果，尤其是帮助我们迅速抓住问题关键（例如，孩子在夏令营期间是否可能遇到意料之外的危险，食物是否含有过敏原）。换句话说，它们有助于我们根据实际情况做出道德决策。此外，三大支柱还有助于我们相互问责，并就道德问题分配责任，无论是企业还是个人。综上所述，三大支柱就是支撑信任的脚手架。

但到了边缘地带，传统的三大支柱都会崩塌，我们无法再依赖于此。如果信息不公开透明，我们可能会同意接受未知的潜在后果，对自己和他人的生活带来无法预测的长期影响。在日常情况下，科技消费品和媒体平台的传播使我们普遍毫无根据地信任濒临崩溃的三大支柱。例如，智能音箱 Alexa 能回答什么问题？对话录音会上传到哪儿？谁能听到？录音能否作为呈堂证供？

但是，摇摇欲坠不代表已经解体。线上同意书、社交媒体的服务条款、广告的免责声明、网站弹窗要求点击的"我同意"等，都能看到三大支柱的影子。只不过，它们并没有发挥预期功能，反倒有点儿碍事，既起不到保护作用，也做不到与供应商良好互动。这不仅更令人困惑，还破坏了信任。

企业、政府和我们所有人都有机会致力于维护三大支柱，做出符合道德规范的选择，加强彼此间的联系。但是，我们肩负的责任比以往更加重大。正如《时代》杂志 2006 年发布"年度风云人物"时的标题："是的，你。你掌控了信息时代，欢迎来到你的世界。"

《麻省理工科技评论》的调查报告显示，截至 2019 年，约有 2600 万人为基因测试领域的领军公司提供 DNA 信息。未来，这些公司将获取上亿甚至更多人的 DNA 信息。这些很受欢迎的测试虽然好处多多，但还是存在不断演变且难以识别的风险。我们是否真的清楚自己同意了什么，或者这些同意会对他人造成什么影响？

2007 年 11 月，总部位于硅谷的 23andMe 公司在美国推出了第一套直面消费者的基因测试工具，用于检测血统和健康信息。只需花费 999 美元购买 23andMe 检测工具，采集唾液和 DNA 拭子，就可以预估测试者患 II 型糖尿病、心脏病和结肠直肠癌等常见疾病的风险和概率——这通常要通过遗传咨询师或其他医疗专业人员才能获知。

一年后，该测试工具降价至 399 美元，可提供 90 种不同"疾病、特征和健康状况"的报告，包括乳糜泻、银屑病、帕金森病和前列腺癌等。2008 年 9 月，23andMe 公司在纽约时装周期间举办派对，部分到场的模特、设计师和名人嘉宾提供了唾液样本，以便了解自己的遗传倾向。《时代》杂志将 23andMe 公司的零售 DNA 测试工具评为"2008 年最佳发明"。渐渐地，该公司通过全国电视广告、晨间谈话节目以及著名家庭生活杂志《好管家》的专题广告涌入市场，宣扬其基因测试工具能调查家谱、揭开基因奥秘。该基因测试工具甚至被奥普拉列入"最喜爱物品"清单。

23andMe 虽然并非第一家或唯一一家基因测试工具的直销公司，但它是具有划时代意义的初创公司，努力打造让消费者掌握个人基因信息的主流市场。它早期的核心价值（即框架中的"原则"）是"多一个渠道了解自己的基因信息，何乐而不为"，以及"你的基因信息，你做主"。

后来，又有一部分公司进入基因测试工具的直销市场，使这种做法常态化（传染效应），以至于《人物》杂志将 DNA 测试工具称作"一份锦上添花的独特礼物"。"黑色星期五"和"网络星期一"期间，亚马逊和沃尔玛都有测试工具的促销活动。

这些试剂盒是处于边缘地带的创新产品，既有利也有弊。美国国家卫生研究院曾指出，这种自测方法可以增加大众对遗传疾病的认识，通常比到医疗机构测试更便宜，而且无须医生或保险公司批准。此外，它不仅能引导用户"更主动关注"自身健康，而且收集到的遗传数据还有助于科学研究和对疾病的了解。

以往，只有医疗服务提供者才能提供医疗信息，他们在患者信息保密、知情同意和仔细倾听等方面都必须遵守严格的规定。然而，23andMe 检测工具却绕过了医生、遗传咨询师，甚至药剂师。这和共享经济企业一样，也是去中介化的例子。对于爱彼迎去中介化的风险，我们或许还能接受，毕竟就算信息不全或发生误解，最多只会影响假期，所以跟前台沟通也没那么重要。可是，如果医疗专业领域也去中介化的话，三大支柱就会崩塌，因为我们无法向专家了解具体情况，而只能依靠产品说明或网站资料来获取潜在严重后果的相关信息。

在评估生物技术等新技术时，我们必须弄清楚它们如何动摇了支柱，是公开透明度不足，还是没等我们了解利害关系和责任就诱导我们同意，抑或取消了倾听环节。这还没到可以就此放手，动动手指点击"我接受"而摒弃支撑了数百年的道德支柱的地步。我们需要了解这些支柱受到侵蚀会对道德规范造成哪些影响。

而且，我们不能指望技术发明者考虑这些支柱。2013年，23andMe 的联合创始人安妮·沃西基告诉《纽约时报》："我们对基因学有很多误解。但现在情况大有改观，因为我们可以让你将健康掌握在自己手中。"

"将健康掌握在自己手中"，23andMe 等出售基因检测工具的公司既提供了机会，也打开了装满风险的潘多拉魔盒。使用这类产品的我们不得不自行解决生物学、亲子关系和身份等复杂问题，却没有足够的信息、知情同意和有效倾听来支撑我们的决策。支柱一旦被侵蚀，就无法根据框架获取信息，导致我们无法弄清决策的潜在利益攸关方和后果。

下面，我们将进一步分析三大支柱无法在边缘地带正常发挥作用的三个主要原因。它们不仅影响消费者，还关乎道德界限的划分和监管等重大社会决策。

首先，科学技术还无法为我们提供有关知情同意潜在后果的信息。法律也陷入无法解决的困境——滞后于技术发展，却只能等待科学研究给出更多信息。

其次，我们无法获知公司（或政府）刻意隐瞒的信息。这倒是可以解决，比如公司可以主动公布简单易懂的信息，并在对潜在后果有更清楚的认识之前，放缓推出新产品的速度。监管机构可以规定公司在披露信息时说明风险情况，提高信息透明度。为此，监管机构必须了解这些风险，而在这一点上它们又不得不依靠科学研究（以及监管力度的提高）。

最后一个原因是信息具有变幻莫测的特性。新用法和新产品层出不穷，反过来又会改变风险和机会，甚至事后还会影响到早前的购买者和使用者。这种不确定性引起权力分散、传染和突变——产品的用途越来越广，从而衍生出风险越发不可预测、无法察觉且具有传染性的新产品，而这些风险连公司本身都无法控制或预测。这些新产品不断进入大众视野，带来新挑战的同时，法律和社会却越来越滞后。

以 23andMe 检测工具为例，以上三个原因都动摇了三大支柱——科学仍在发展，法律有待完善；该公司难以向消费者提供简明易懂的信息；有更多人开发与该检测工具相关的新技术，导致信息难以预料。

这个例子也说明无论法律要求如何，所有公司都有责任积极主动地维护三大支柱。事实上，就此事来说，监管机构的确不得不介入。

2013 年 11 月，23andMe 公司收到了美国食品药品监督管理局的"警告信"，称其"违反了《联邦食品、药品和化妆品法案》"。该局称，自 2009 年 7 月以来，它一直在"努力帮助"23andMe 公司，而该公司也曾表示，很快就能获得该局要求提供的临床数据。但信中还说："自 2013 年5 月以来，本局并未收到 23andMe 公司的任何消息。相反，我们发现你司已进行电视广告等新的营销活动。"23andMe公司被责令在获批前"立即停止提供"遗传方面的健康服务（血统报告除外）。

2015 年 10 月，经过与美国食品药品监督管理局近两年的合作，23andMe 公司获准提供 36 种遗传病的健康信息和"携带者状态报告"，包括囊性纤维化和戴萨克斯症，且新版健康报告被视为符合"美国食品药品监督管理局关于科学和临床有效性的要求"。随后几年，管理局又批准了23andMe 公司的更多测试服务。此外，该公司不仅调整更新了产品语言和针对用户的健康报告浏览网页，提高信息透明度，而且建议用户就结果咨询"有临床遗传学知识的人"，促进了有效倾听。

并非只有 23andMe 公司需要努力应对信息透明度的问题。所有公司都有责任确保自己提供的信息便于获取且通俗易懂，而不是简单地抛出信息就完事了。不该让消费者还得进行一番调查研究、寻求法律咨询或拥有博士学位才能读懂信息。应该在网站或购买页面，以最简单明了的语言和最清晰可见的方式，将关键信息呈现在消费者眼前。

公开透明的信息还应真实可靠，不能刻意说服用户同意。例如，23andMe 在官网上宣称自己的测试工具是主流产品，鼓励大家"为了健康行动起来""开启 DNA 探秘之旅"。该网站主页展示了笑容满面、阳光健美的人物形象和醒目的标题——"健康进行时"。往下滚动页面还可以看到其他统计数据和激励性的话语，如"了解基因，掌握健康""了解基因如何影响您的健康状况"。

看到这里，乍一看都会认为这款产品能提供有用的医疗信息。但读完服务条款的免责声明才知道，"23andMe 检测服务仅用于科学研究、信息参考和教学用途。本公司不提供医疗建议，消费者不应仅根据 23andMe 检测工具获得的基因信息来改变健康行为"。可是，不应该让消费者只有通读细则和法律条款才会发现这里的"健康"一词实则与医学无关。

要做到公开透明，基因检测公司必须避免使用误导性语言，以免造成无法弥补的后果。而 23andMe 公司网站上的医学术语（"Ⅱ型糖尿病""健康体质报告"和"携带状态"）都可能令人困惑。例如，这段重要的警示说明——"您的检测结果或许会对您造成无法控制或改变的困扰……也可能对社会、法律或经济造成影响"——不应被淹没在大篇的法律条款中，而要突出展示给即将确认购买的消费者。

这些公司还有责任确保消费者不仅能从字面理解信息，

还清楚检测会带来哪些影响。一对互送基因测试工具的年轻夫妇，可能并没有做好接受某些结果的准备，例如，若结果显示一方为遗传性疾病携带者。这会对他们造成什么影响？

不管是出于自愿（道德置于法律之上），还是受到法规约束而为之，要做到公开透明都应了解已知和可知的风险。上述 23andMe 产品服务免责声明中，"科学研究的发展有可能改变对您基因检测结果的解释"这句话至关重要。换句话说，昨天的测试结果显示你带有某种血统的概率为 30%，但将来可能发现，概率实际只有 5%。你的结果需要依靠背后的数据来判定，这才是真正的风险所在。上传基因信息的人越多，参考数据就越丰富，你得到的结果才能越准确。试想，你对自身血统或遗传倾向的了解会随数据集的改进而发生变化，这着实令人不安。

还有个较隐蔽的问题是对保险的影响。即便基因检测公司声称不会向保险公司透露你的检测结果（这可能有变），可要是你检测到自己有可能患上某种疾病，如果真生病了，而你之前并没有告知保险公司，这是否会成为他们免除责任的理由？如果告知，是否会提高你的保费？隐瞒检测结果与你的诚信原则有何关系？

记住，基因检测公司是商业实体，不是大学医疗中心、政府机构或非营利组织。他们打着"责任自负"的口号，无须遵循既定的医学或大学科研道德规范。

这些直接面向消费者的基础版基因测试工具仅仅是个开始。接下来的故事进一步表明，这种创新技术会催生许多新用途和新产品，每一种都以不同的方式继续动摇三大支柱。最重要的是，这些突变表明，无论同意书采用何种语言，一旦同意参与测试，我们同意的不仅是测试工具所承诺的服务。这项同意不仅关乎我们本人，还有可能揭露亲人的秘密，无意中改变家族历史，甚至使亲人成为执法部门的目标。

1986 年夏天，一名自称是她父亲的男子将 5 岁的丽莎遗弃在加州一处露营车营地附近后，一去不返。长大后的丽莎对母亲毫无印象。16 年后，当年抛弃她的男子因谋杀罪被捕。基因测试显示，他与丽莎并无血缘关系。该男子拒绝回答任何问题，2010 年在狱中逝世。

直到身为人母，丽莎仍未弄清自己的身世，也不知道母亲到底经历了什么。2015 年，负责丽莎案件的侦探向家谱专家芭芭拉·雷 - 文特博士求助。雷 - 文特博士会解读基因测试结果，并利用基因匹配网站、家谱和公开记录寻找某人的亲生父母。不过，这是她经手的第一起谋杀谜案。首先，丽莎要将唾液样本送到 23andMe 和 Ancestry.com 这两家公司进行基因分析，然后根据所得结果，在它们的数据库、FamilyTreeDNA 网站和 GEDmatch 数据库中查找她的亲人。

对于基因检测，你与某人共享的基因越多，关系就越密切。父母和孩子的共享基因约为 50%，祖父母和孙子女的约为 25%，而表兄弟姐妹平均约为 12.5%。几天后，他们找到了丽莎的疑似远房表亲，其中两人同意提供自己的基因信息，以缩小丽莎父母的搜寻范围。

最终，他们找到了丽莎的外祖父。他说，丽莎的母亲在丽莎只有六个月大的时候，就和男友（就是抛弃丽莎的男子）一起带着丽莎离开了新罕布什尔州。此后他们就再也没见过面。侦探发现，这名男子的行踪还与其他悬案有关，认定他很可能杀害了丽莎的母亲和其他几名妇女儿童，其中包括他的女儿。

北加州一名悬案调查员了解到这一石破天惊的案件后，问雷-文特博士是否可以帮他们追踪一个曾在二十世纪七八十年代威胁居民的连环杀手。雷-文特博士答应尝试。她比较了犯罪现场的 DNA 和 GEDmatch 网站数据库的DNA，梳理出的家族谱系指向一名 72 岁的前警官约瑟夫·迪安杰罗。数据库虽然没有迪安杰罗的 DNA，但有他远房亲戚的 DNA。2018 年，这名"金州杀手"被缉拿归案。2020 年，他承认自己犯下了 26 起谋杀案和绑架案，被判处终身监禁。

丽莎的身世之谜，终于在直销的基因检测工具和家谱网站的帮助下被解开。这是检测工具泫生出的新用途。这种突变很快就传染开来，各地执法机构纷纷与家谱学家合作，在查询血统的网站上挖掘到了几百宗悬案的线索。迪安杰罗被捕后的几个月里，共有 40 多起悬案利用遗传系谱调查法找到了嫌疑人——在 1987 年一起谋杀案中，一对加拿大夫妇被定罪；在 1996 年一起强奸谋杀案中，一名因误判而坐牢20 年的爱达荷州男子被释放。

对于受害者和生活被毁的挚爱来说，丽莎的案件让他们看到了破案的希望。但是，分享个人的基因信息会引发无数道德难题。如上述例子所示，我们可能会成为信息提供者而不自知。例如，雷－文特博士和警方在搜查时采用GEDmatch网站这一变通方法。

最初，免费向公众开放的GEDmatch网站数据库只是佛罗里达州一名退休老人的业余爱好。他想帮大家利用从23andMe等基因检测公司获得的结果来寻找亲属。他与一名67岁的程序员合作，于2010年共同推出了GEDmatch网站。截至2018年迪安杰罗被捕时，GEDmatch网站已拥有过上百万份基因信息。

《科学》杂志有文章指出，若有2%的目标人群向GEDmatch这类网站提交基因信息，最终会有99%的人能找到远房亲戚或血缘关系更近的家人——这就是基因鉴定。研究人员分析了120多万人的基因组数据，发现"拥有欧洲血统的个人约占60%"。文章作者还指出："这项技术很快就能找出所有拥有欧洲血统的美国人。"

从电视新闻中得知GEDmatch网站协助找到"金州杀手"后，80岁的网站创始人对《纽约时报》说道："事情的发展让所有人都大吃一惊。"他根本没想过自己的网站有助于破案。网站的服务条款还有一段警示语："本网站所示结果仅用于家谱研究，且不确保是否会被用于其他用途。对此若有异议，请务必从本网站删除您的数据。"话说回来，23andMe公司可能也没想到会出现GEDmatch这类家谱网站。

　　得知"金州杀手"被捕后，GEDmatch 网站的所有者努力提供更多网站相关信息。他们不仅在服务条款中增加了基因数据使用的说明，还坦承无法确保数据不被泄露。他们不知道基因和家谱研究以及 GEDmatch 会如何发展，也不知道若网站被收购，用户信息将会作何用途。用户可以选择"接受"所有条款后登录网站；可以点击"拒绝"并永久删除个人信息；还可以选择"以后再说"。

　　由于警方频繁使用 GEDmatch 网站，创始人于 2019 年 5 月再次修改了服务条款。现在，除非用户登录并同意，否则执法部门无法查看个人数据。此外，用户还能自行选择个人数据的权限类别，如"私享"（不对包括执法部门在内的任何人开放）、"公开 + 选择加入"（对包括执法部门的所有人开放）、"公开 + 选择排除"（对上传数据的其他用户开放以供比较，但执法部门除外），以及"研究"（仅用于研究目的）。至少，GEDmatch 网站认识到了提高信息透明度需要依靠监测，并不断填补信息空白和调整技术运用。

　　但我们总在边缘地带不停追赶，正如美国食品药品监督管理局努力加大对 23andMe 这类公司的监管力度。而 GEDmatch 网站为用户提供"排除"选项时，监管就已经再次滞后于技术发展。美国网络媒体 BuzzFeed 报道披露，2018 年，基因测试公司 FamilyTreeDNA 的所有者秘密商定，在没有搜查令或传票的情况下向联邦调查局开放其基因信息数据库（经报道后，FamilyTreeDNA 改变了做法，为不愿与执法部门共享检测结果的用户提供"排除"选项）。

知情同意最大的问题之一是法律法规、公司以及其他利益攸关方的情况随时有变。我们陷入无法制止，甚至无法理解新发展的不断循环。例如，23andMe 公司承诺"除非法律要求，否则不会向执法或监管机构提供您的信息"。但是，为了适应基因信息证据的不同用途和不断变化的社会观点，法律规定必定会有所调整。公司关于向政府部门提交测试结果的政策也可能随时有变。你可能收到过苹果或亚马逊等公司的更新提示。一旦继续使用它们的产品，我们就被视为接受了这些更新条件，受到法律约束。我们现在对公司的知情同意算是法律承诺，即便公司的服务条款有变，这种法律约束力依旧有效。不过，我们仍得承担未知的风险，因为大多数人都跟不上法律和政策的变化（所以只能继续使用产品），还因为日益完善的法律保护往往姗姗来迟。

有时，我们还会被要求当下同意接受明天未知的科技发展。例如，23andMe 公司的服务条款指出"您知悉并认同 23andMe 公司提供的服务形式和性质随时有变，且不会提前通知您"。我引用这段话是为了强调，该公司在你使用产品期间，要求你在没有事先收到通知的情况下同意他们继续"创新"并接受新的风险。可能连公司自己都不知道它的产品会随着科学进步如何发展。

但 23andMe 公司应该对部分发展态势有清楚的认识。我们都得思考未来的发展，因此公司应该用简单通俗的语言来讲述这一信息，而不是将其淹没在服务条款里。若我们同意个人数据用于研究（23andMe 公司提供了这一有意思的重要机会），制药厂是否能从公司手中买到这些数据，以便继续开发致瘾的止痛药？如果公司倒闭后被合并，或者被转让给一家你不了解甚至抵制的公司，你的个人数据又将何去何从？例如，2019 年 12 月，法医基因组公司 Verogen 收购了 GEDmatch 网站，并表示不会更改关于"使用、处理目的和披露用户数据"的服务条款。但是，个人基因数据落到了与执法部门合作查案的 Verogen 公司手中，这仍会让用户心生担忧。

从 GEDmatch 网站的案例可以看到，企业和消费者都无法预知新技术怎样衍生出新用途，这是动摇三大支柱的第三个原因。我们同意使用这些基因检测工具，虽然可能有助于搜寻罪犯，但也可能会让无辜的家庭成员、亲属和其他人遭殃。

2014 年，一名美国生物学家在新闻网站 Vox 发表匿名文章，讲述了一个让人痛心的例子，而同样的悲剧正在世界各地上演。他在文中提到，自己教授基因组课程期间"兴高采烈"地为自己和父母购买了 23andMe 检测工具。查看在线报告时，他和父亲都选了"同意寻找近亲"。这项功能可以比较他们与其他用户的基因信息，从而匹配亲属。这名生物学家此时才发现，自己竟然还有个同父异母的兄弟，名叫托马斯。他一出生就被人收养，从未见过自己的亲生父母。这个秘密"摧毁了"这名生物学家的家庭。

他写道："我父母离了婚，再也没人搭理我爸爸。我们还没有从中缓过来，也不知道要过多久才能重归于好。应该在'近亲'选项框旁边设置记号或声音提醒，因为很多人选的时候，并没有想过这会带来什么后果。"

不过，即便不选择这个功能，我们也会有惊人的发现。两个或多个家庭成员一起进行基因测试时，可能会遇到"非亲子事件"。国际遗传系谱学会将"非亲子事件"定义为"孩子生父另有其人的情况"。有时过后会发现，兄弟姐妹实则同父异母或同母异父。

"非亲子事件"过于常见，以至于 2017 年，有人在脸书创建了群聊小组 DNA NPE Friends，帮助组员应对这种意外造成的伤害。此外，美国杂志《大西洋月刊》的调查指出，还有很多外遇、乱伦和强奸等悲剧因直销的基因检测工具而曝光，甚至有生育医生擅自将自己的精子植入求医者体内，成为至少 50 名患者的孩子的生父。

这些事例都说明，直销的基因测试工具和层出不穷的新技术对知情同意带来了严重威胁。我们做出同意分享基因信息的决策，不仅关乎切身利益，还让其他利益攸关方承担未知风险。我们或许并不认识这些利益攸关方，他们可能也不想与我们扯上关系。更有甚者，他们可能永远不知道（或惊讶地发现）是我们同意分享这些信息。

问题不仅在于我们无法撤回已知信息、无法预知自己的反应，还在于不清楚这些信息是否会被传播以及被如何传播。更难的是，我们无法预测别人的反应（那名生物学家无法预知父母会说什么、做什么），他们会如何传播这些信息（会不会告诉其他家庭成员或发布在社交媒体上），或会遭遇什么后果（"再也没人搭理"他父亲）。因此，就算毫不隐瞒产品用途，公司也无法预测所有潜在情况或相关的利益攸关方。这就如同自相矛盾的"第二十二条军规"：不知道谁是利益攸关方，我们就无法准确推测后果，而从未给予知情同意的利益攸关方，也不会考虑有何后果。

若对他人造成影响，我们要为此负责。虽然 23andMe 公司那文绉绉的服务条款看着让人苦不堪言，但它最多只能就两个方面——知情同意实际上给他人带来的风险，或至少了解哪些信息会对他人造成重大影响——提高透明度和阐明同意程序。甚至在考虑使用这些服务前，我们就应该认识到这些工具披露的信息会与身边的人有关。我们发现的不仅是自己的事情，因此必须反问自己：我的同意不经意间牵连到谁？无论服务条款有没有提到，如果做出的决定影响到他人，我们就要为此担负责任。这再次说明，你永远不会是自己决策里唯一的利益攸关方。

我们还应该问自己，是否准备好了接受有些事情覆水难收，是否准备好了承担将别人牵扯进来的责任——毕竟信息是因为我们才暴露的。这些测试工具无论多受欢迎，它们传递的信息对接收者来说都非同寻常。试想，如果发现自己携带亨廷顿病的基因突变，你是否会告诉配偶？如果孩子也有可能患上这种病呢？再试想，如果知道使用基因测试工具会有哪些连带责任，你是否还想给朋友送上这份礼物？

处于边缘地带的我们或许会尽己所能，努力看清现实，但光有良好意愿还不够。例如上述那名生物学家，他并非想伤害自己的父母。连一个受过高等教育的消费者都会身陷困境，这说明任何人都有可能遭遇同样的情况。决策框架虽然无法预测到所有意外情况，但可以指导观察当下受损的三大支柱会如何影响信息，有助于我们对意外结果（如找到失散或未知的家庭成员）有更清晰的认识。

随着新风险逐渐显现，各种用途流行起来，企业更新和简化警示信息的责任也越来越大。尤其当消费者可能对无从知晓的利益攸关方造成巨大的情感等潜在伤害时，这种责任就更大了。

这些技术的普遍运用也改变了我们对私有和共享信息的看法。在传染和突变的作用下，使用基因检测工具已司空见惯。而这影响了我们对哪些是正常情况、哪些事情可以容忍、哪些做法可以纳入法律法规和风俗习惯，以及如何从整个社会的角度做出决策的想法。但常见的事情并非一定正确的，必须要思考，我们给予私营企业掌握个人基因信息的限度是否过于宽泛。

分散权力和突变还会与摇摇欲坠的三大支柱共同作用，不仅使善意的知情同意变得复杂，还会继续传播有意为之的恶行。

最近，哈佛大学和加州大学洛杉矶分校的社会学家提出了稍有不同的观点，从白人民族主义角度研究基因和身份问题。阿伦·帕诺夫斯基和琼·多诺万共同研究了一个用户遍布全球的"白人骄傲"在线论坛，发现白人民族主义者在用23andMe 基因检测工具和 Ancestry.com 谱系网站的血统测试来确认自己"白人血统的纯度"。不出所料，有人意外发现自己并无白人或欧洲血统，这让他们十分不安。

他们会在论坛上发帖求助，不少网友纷纷给出"真知灼见"。帕诺夫斯基和多诺万梳理了数千条回复后发现，其中含有羞辱或排斥发帖人的内容。但更多人给出的建议是"身份修复"，拒绝接受或重新解释测试结果。这些观点都否定了科学和科学家，是"具有白人民族主义特点的错误认识"。有人主张"传统谱系知识"的优势，如家族史比基因测试更重要（"我认为你的家谱研究和祖父母说的话比测试结果更可信"；甚至说，"如果白人的家中五代以上的人都是欧洲血统，那就不太可能是混血的。毕竟当时的种族混合没有如今这么常见"）；还有人否定了测试结果，理由是"种族和民族特征肉眼可见"；更有人以阴谋论为由反对测试，认为这些企业歧视白人（"他们不过是想证明，所有白人都不是纯种白人"）。

白人民族主义者通过贬低测试的科学性和可信度来瓦解知情同意。他们"刻意挑选"有用的"遗传学、统计学、历史学和人类学知识"，以证明自己拥有心仪的血统，却没有质疑同意流程的合理性。突变再次出现：若结果与预期不符，有人会为了坚持自己的身份认同而歪曲事实（否认科学依据）。

这项研究还凸显了三大支柱也面临其他力量的威胁，尤其是分散权力和传染。这三大支柱都依赖于真相。如果真相被歪曲，支柱就不只是摇摇欲坠，而是会土崩瓦解。信息不准确，公开透明也就无从谈起；知情同意也必须基于准确信息；理解说话者的真正意图才能做到有效倾听。

白人至上主义者对科学研究、产品卖家和整个领域的虚假断言，不能说明消费者没有解读信息的能力，也并非如上述事例所示，是人类的本能反应。他们是在种族主义的驱使下有意歪曲事实。

没有任何道德框架或监督程序能防范故意做出的不当行为。支撑道德的所有体系，包括三大支柱，都要依靠诚信。这个事例表明，重要的是如何区分应对新挑战的积极做法（无论是像23andMe公司那样提高透明度，还是我们参与创新）与纯粹的不诚实行为。三大支柱呈现的是真实情况，即便现实不如所愿或带来不便。故意忽视这些支柱或发表不实言论，是将道德工具用以支持不道德目的，如令人憎恶的种族主义意识形态，导致支柱受到进一步突变的威胁。

------

美国记者塔－奈希西·科茨的获奖著作《在世界与我之间》是写给他十几岁的儿子的三封家书，讲述了美国黑人群体的现实遭遇和心路历程。作者的大学好友遭警察枪击身亡，其中有一段话描述了他与好友母亲见面时的悲痛场景，读来感人至深。科茨反思："交谈过程中，我一直努力将她的实际感受与我认为她会有的感受区分开来。"

这一细微观察令人印象深刻，因为他靠直觉感受到了许多人都有过的、非常符合人性的反应，而正是这种反应破坏了道德决策。和科茨一样，我们自以为在倾听别人的想法，但实际上常常主观臆断别人的感受。很大程度上，我们只会听到符合自己预期的，甚至是如自己所愿的，而非对方真正想告诉我们的内容。事实上，我们是在听自己说话——这就是促使不道德行为蔓延的回声室效应和信息孤岛问题。

更糟糕的是，我们还会猜测或想象他人的想法或感受。做咨询工作时，我经常遇到这个问题。客户会问："你觉得某某对甲有什么想法？"或"如果我做了乙，你认为某某会怎么想？"他们准备好了要按照自己或我的猜测行事，而不是深入了解实情，具体情况具体分析。这样的做法也会发生在亲朋好友之间。一般而言，我不会去猜测别人的想法或感受，而是帮助客户组织谈话内容，并监督其遵守道德规范，以便找出了解人们真实想法和感受所需的信息。

无效倾听这一道德障碍长期存在。解决的第一步是换位思考。首先，要问对问题。如果提出二元问题，答案无非"是"或"不是"，那就无法深入了解对方的想法。若不换位思考，我们或许难以摆脱偏见、误解、恐惧和过于自信的心理，无法真正理解对方的话。

接着，要考虑利益攸关方。我们该听谁的？谁该听我们的？面谈中，科茨有一个重要的交流对象，即利益攸关方。但在进行基因测试前，我们往往应征求多方意见，如家人和专业人士。但就像无法穷尽信息一样，我们有时也不知道谁是相关人士，而且即便知道，也无法进行交流（如有些亲人在血统研究网站上传基因信息后就离世了）。

最后，要核实我们听到的内容。我在斯坦福大学的同事斯科蒂·麦克伦南曾是该大学负责宗教生活的院长，每年都到我的课上开展几次以"后真相时代的伦理学真相"为题的讨论会。会上，他让信仰不同的学生复述其他学生的话，直到说者确认听者的理解无误。也许，23andMe 公司应该在购买网站上要求消费者完成三分钟问答题（并听取三分钟的正确解释），确保他们购买前了解关键风险。

有效倾听很重要，但也会与知情同意和公开透明共同作用。各种基因检测网站在"知情同意"环节没有做到"有效倾听"，没有第三方（医生或遗传咨询师）给予建议，进一步损害了有效倾听的效果。这完全是单方面的对话，信息主要来自互联网。可是，靠互联网来了解自己是不是父母亲生的，或是否可能患上不治之症，这做法是否符合道德规范？答案是否定的。然而，还是有数以百万计的人选择以这种方式获取可能会改变他们人生的信息。23andMe 公司要给我们的建议就是，当得到需要指导意见的结果时，为我们提供咨询渠道（如医疗保健提供者等第三方的介入）。此外，他们还应向消费者提供专家或至少公司代表的实时电话咨询，就像爱彼迎开设能进行人工咨询的邻居热线。

下面举个例子来说明什么是真正的有效倾听。会有医学伦理专家阐释为什么企业和监管机构都承认给消费者提供人工咨询非常重要，而不只是简单提供网站信息或智能助手推荐的某个人。

在医学领域，医生的职责之一就是确定病人有没有知情同意的能力。他们是否心智健全？有没有受到胁迫？在这个问题上，关键在于细微差别。例如，斯坦福大学生物医学伦理学中心主任大卫·马格努斯教授发现，面对重大疾病时，患者和医生对"可以治疗"的理解往往不同。医生说"这种疾病可以治疗"或"我们有方法治疗你的亲人"时，病人及其家属常以为听到了关于预后的好消息。但是，医生可能只是表明"有疗法"，而不是说一定能延续生命，这种疗法甚至有可能并不可取。

马格努斯教授及其同事都细心认真地倾听患者，以便更准确地判断他们是否有给予知情同意的能力。倾听方法具有很强的实践性，例如让病人讲一些与医疗程序无关的事情，以此评估他们对决策背景的认识。医生则会谈论患者的日常生活或新闻事件等与知情同意无关的话题，目的在于观察病人精神状态的细微差别。

倾听既是个人责任，也是共同责任。我们可以更加努力地确保他人能真正理解自己的话。即便有成千上万个 Alexa 这样的智能音箱，我们依然能共同重拾人与人之间的相互倾听。通过仔细分析动摇支柱的因素，以及如何才能保护支柱，我们就能重新依照框架来做出决策。

那么面临选择时，道德决策框架如何帮助我们充分考虑到摇摇欲坠的支柱呢？

在运用框架前，要先确认提出的不是二元问题，而是"该在什么时候、什么情况下使用直销的基因检测工具"。不要任由企业将多项选择简化为"全部同意"（尽可能获取你的基因信息）或"全部拒绝"（甚至不会购买工具）的二元选择。其实，你还有其他选择。比如，可以不同意个人基因数据用于研究，可以只获取与血统无关的某些疾病信息，也可以全部同意或全部拒绝。但你提出的问题要有多个选项，然后运用决策框架列出每个选项的机会和风险。

框架包括四个部分。首先是原则，三大支柱受影响后引起的关键问题是，当知道你的知情同意会在现在或未来给别人造成严重后果时，原则会如何指导你做决策。我们还要思考，在得知三大支柱被动摇的情况下——无论是由于科研现状、造成产品滥用的分散权力，还是有意为之的不当行径，如何让个人和企业谨记自己的原则。

其次，思考还存在哪些信息鸿沟：你所需的信息和公司给出的信息之间，存在哪些差距？无法获取缺失的信息可能是因为技术有限、公司有所隐瞒，或你正使用有隐患的产品。此外，传染的驱动因素也一如既往地重要，尤其是恐惧、压力和市场竞争等会动摇支柱的因素。很多时候，处于边缘地带的你得衡量一下自己能否接受生活充满未知风险，且信息透明度和知情同意更容易受到影响。这一点，只有你更清楚。如果公司没有解释清楚风险所在，就意味着整件事情都值得怀疑。

框架中的"信息"层面主要与我们该如何处理信息相关。我们每天都会接收大量信息和供应商的政策更新。因此，要根据知情同意的潜在后果的重要性来决定花时间关注哪些信息。首先，对于休闲娱乐服务（如视频服务平台"网飞"或音乐平台声田），或在没有其他选择的情况下（自己的手机），我并没有仔细阅读服务条款，想都没想就选择了"我同意"。但对于直销的基因测试工具或亚马逊音箱 Alexa 这类智能助手，我的做法会不一样。有关健康、安全和可能影响到他人的产品，我会归为"高度警惕"类别，对此三思而后行。最后，对待社交媒体，我的使用都出于个人需求，而非获取信息。我自知不会花时间（除了研究所需）来查阅和跟进这些产品的政策变化，但我的使用会对他人带来长久影响。所以，我从不在社交媒体上发照片或讲述别人的事情。

接着，想想有哪些利益攸关方，先思考你的选择是否会对你认识或不认识的人造成未知影响。

最后，列出逐渐会出现的结果。先判断有哪些可能会错失的良机，再看看是否有好的替代方案。如果你真的很想了解特别重要的基因信息，与其使用自测工具，为什么不先咨询专业的医务人员呢？即便只是出于好奇，而非为健康担忧，为什么不谨慎行事呢？先了解严格的最低标准，看看感觉如何；然后获取更多信息，至少像 23andMe 公司建议的那样，先向医务人员咨询检测结果，再决定是否采取行动，最后了解有哪些风险。

无论如何都要事先想清楚：如果了解到的某些健康状况或血统可能涉及他人，你会告诉谁？尽管阅读细则很花时间，但还是请你做好这一步。

总之，道德决策框架最重要的一点是：当公开透明、知情同意和有效倾听存在缺陷时，我们在边缘地带做出的决策，就有可能进一步削弱对机构和个人的信任，而这些传播风险的决策，也会有损他人对我们的信任。

了解这个框架后，我们分别对三大支柱被动摇的影响负有哪些责任呢？首先，要更加谨慎地选择。如果测试工具是获取基因信息的唯一途径，则另当别论。可是，大多数人都可以直接咨询医生或遗传顾问，他们在这三个方面都经过培训和认证。再者，我们根本没必要将测试工具当成玩具或礼物。

另一方面，处于边缘地带的企业也应该维护这三大支柱。2018年，国会委员会问推特创始人杰克·多西，用户是否能读懂推特的使用条款。多西竟坦言："我认为，即便坐下边喝咖啡边细看，你也读不懂那些条款。"所有企业都应像多西一样，先假设没人能读懂服务条款，然后思考要为产品承担哪些责任，以及如何帮助用户做出正确选择，并协同监管机构制定有效法律。

企业还可以给用户提供更多选项，如 GEDmatch 网站的四类权限设定。这样，用户就不会被迫进行二元选择。他们应承诺在没有征得用户同意的情况下，不会出售或以其他方式分享用户数据；应确保其技术和流程都在知情同意允许的范围内；还应明示并告知用户，执法部门、医学研究人员、保险公司等有可能会使用用户数据，以及说明技术升级后，匿名数据是否会被用于识别身份。

创新人员可以明确指出，什么时候会对某些可能影响我们选择的信息进行保密。例如，若不愿公开算法如何处理用户数据（通常出于知识产权保护，也情有可原），至少应告知做出这一决策，并说明原因。换句话说，要说清楚保密的事项和原因。这有助于我们做选择。

对于 23andMe 这类以普通民众为对象、公众影响力广泛的创新公司，监管机构应要求它们增加提醒设置，正如香烟包装必须印有醒目的警告语"吸烟有害健康"。监管机构应像打击虚假广告一样，防止网站出现误导性声明。即使产品没有致命危险，若用途不明、风险很大且涉及范围很广时，向给予知情同意的用户提供信息、对大众更加公开透明这两项行为规范都需要投入精力坦诚交流。这些规范不能只限于一个简单的"我同意"选项。

在边缘地带，我们无法再依赖知情同意、公开透明和有效倾听这三大支柱。一不留神，我们就有可能动摇这些支柱。正如本章事例所表明的，采集基因拭子用以进行基因信息分析，这一行为看似微不足道，却能满足对个人特征和血统的好奇心，甚至提供有价值的健康信息。但是，它也可能带来超出个人、企业甚至专家想象的深远影响。

而当人类、机器和动物之间的界限模糊不清时，知情同意、公开透明和有效倾听会变得更加脆弱。如何处理这些矛盾，将决定人类未来的发展。

# 第五章
## 模糊的界限

设想一台机器，有着机器人的躯干，却带着一张讨喜的人脸。它能和你侃侃而谈人类最伟大的存在主义问题，如上帝、来世、意识的本质，或只是闲聊当天的新闻和天气。它还能读懂你的面部表情并做出回应，所以你对它笑，它也会对你笑；听到你讲笑话还会哈哈大笑。反过来，这些回应又影响了你们之间的互动方式。

这个社交型人形机器人名叫索菲亚，她能做的事情还远不止于此。2016 年 3 月，索菲亚首次亮相于得克萨斯州奥斯汀的西南偏南音乐节，已经（被人携带）到过世界多地参加演讲和仪式。联合国开发计划署将索菲亚评为"首位亚洲及太平洋创新冠军"，中国为她颁发了"一带一路创新科技大使"的称号。她还上过《60 分钟》和《早安英国》等新闻节目。在美国深夜谈话节目《今夜秀》中，她让主持人吉米·法伦怦然心动。索菲亚能根据语境选择讲哪些笑话，还经常面带苦笑。石头剪刀布赢了法伦后，她笑着说："我赢了，这为我主宰人类开了个好头。"

2018 年，索菲亚的发明者大卫·汉森参加了全球最大的人工智能盛会 CogX，会上讨论"机器人该不该与人类相似"时，他说："我希望机器人将来有一天能'活'起来。希望有所突破……发明出超级智能、富有同情心、真正在乎我们的机器。"曾任迪斯尼幻想工程师的汉森也是雕塑家和研究员，因造出人形机器人而名声大振。

索菲亚栩栩如生，是至今与人类最相似的机器人。她的面部以"世界多个人种的长相"为模型，包括汉森的妻子和古埃及王后娜芙蒂蒂，以展现审美的多样化。索菲亚有 62 种表情，能模拟人类面部肌肉，表达喜悦、沉思、悲伤、好奇和困惑等情绪。她的面部皮肤由获得专利的弹性橡胶材料制成，汉森机器人公司正结合此材料开发传感器，使索菲亚能对触摸做出反应。她没有腿，但能靠电动底座直立滑行；上肢的大小和外观与人类相似，可以按照预设程序打手势、画画、切生日蛋糕；"大脑"为人工智能驱动的程序。据工程师说，索菲亚的人工智能程序能让她"识别和回应人类语言，生成说话和唱歌的声音，并追踪人脸进行眼神接触"。她的名字"索菲亚"在希腊语中意为"智慧"。

不过，索菲亚还未拥有人类的"智慧"，她缺乏意识和自我意识，也没有真正的情感体验。由于机器人不具备"通用人工智能"（也称人类智能），有批评者指出，索菲亚的表现只是假象，而非真正的智能。然而，如此逼真的她还是深深地影响了我们的行为和决策。

索菲亚等处于边缘地带的创新模糊了人类的界限，而模糊的界限正是影响道德决策的第五大因素。在伦理学领域，模糊的界限是指机器和动物与纯人类领域（如物理属性、功能、社会和个人互动）之间越来越模糊的交界。例如，机器可以与人共事或拥有类人的眼睛和眼球运动，人类体内可以植入微芯片等电子部件，以及利用动物完成的异种器官移植。我们进入了从未涉足的领域，也感受到从未有过的不适。但是，我们必须坚守以人为本的道德立场，对界限模糊及其道德后果责无旁贷。我们或许还认为，人类与非人类之间的融合还遥不可及，或至少离日常生活很远。但如今，这种现象已近在眼前，成为我们生活的一部分。

如何定义人工智能？《斯坦福哲学百科全书》指出，可以看它侧重于推理（"人类的思考方式"）还是行为（"人类的行动方式"）。人工智能的目标是趋近于人类，还是达到某种超人类的完美理性？

索菲亚的发明似乎同时以人工智能的推理和行为为目标，还兼具人性和机器人的理想状态。汉森机器人团队称，他们通过索菲亚来研究人工智能，致力于"发明智能、富有同情心的机器人来积极影响人类"。大卫·汉森在采访中对我说："索菲亚很逼真，所以大家才对她这么友善。我觉得，机器人如果能促进人们以礼相待的话，就有助于营造并加强互谅氛围。"

汉森还敏锐地察觉到多样化的重要性——他的团队曾发明不同年龄、性别和种族的机器人。其中关注女性的"个性开发者"团队发明了索菲亚，从女性角度思考机器人的性别问题，应对白人男性在机器人领域的广泛影响。

索菲亚引发的讨论是，随着技术不断发展，机器人融入社会的程度越来越深、越来越常见，我们当下和未来要如何与人形机器人交流。汉森认为，如果他可以使人类和机器建立良好关系，"这也会增强人与人之间的关系"。他说，索菲亚这类机器人能"凸显我们的人性，让我们变得更好"。

不过，也有可能弄巧成拙——机器人对我们的行为造成更多的消极影响。有人踢了机器狗，怎么办？因外形似"狗"，就可以如此对待它吗？如果很多人都认为踹车是不当行为，那为什么踹无人驾驶（算法驱动）汽车就可以接受呢？当着孩子的面对机器人保姆爆粗口，可以吗？对既不像人又不像动物的亚马逊包裹分拣机器人，你会有不同的对待方式吗？

我认为，对机器人动手动脚或出言不逊，最起码说明了我们的行为失礼，甚至是对旁观者的不尊重。这种粗暴做法可能变成习惯（传染效应），恶化（突变）成更具攻击性的行为——无论身旁是否有人。不可以将人类和机器人之间的模糊界限当作行为不端的借口。我们应该在做决策和行动时，控制好道德的影响因素。

社交媒体和定向广告技术广泛应用之初，道德领域的发展也曾出现滞后。我们可以借鉴这些经验来思考人形机器人如何更好地融入社会，关键就在于未雨绸缪、积极主动。我们不该坐等机器人数量越来越多才有所行动，也不该在伤害造成后才靠监管机构亡羊补牢。到那时，机器人技术将引发许多其他风险。大卫·汉森认为"机器人能激发人性最美好的一面"，虽然现在判断这种说法的对错还为时过早，但是界定哪些行为在可以接受的范围内对当下和未来都不早。

我们与人形机器人的接触越来越多，有关机器人权利和责任的问题也随之而来。2019年春天的某个晚上，我特地邀请大卫·汉森到斯坦福大学参加我的"道德边缘"课。他巧妙回应了学生们的提问，这些学生都很想了解索菲亚的诞生过程和未来发展。随后，身处香港的索菲亚通过 Skype 视频通话与全班同学交流（索菲亚的出场费用太高了）。学生们礼貌地举手提问，如"机器人会不会成为奴隶？""你能识破面善心狠的人吗？""你认为机器人该不该与人类享有同样的权利？"。对于最后一个问题，索菲亚的回答是："应该。"

人类与机器人的权利问题，对逐渐模糊的界限来说至关重要。2017年10月，沙特阿拉伯政府宣布授予索菲亚公民身份，她成为世界上首个获得公民身份的机器人（汉森表示，索菲亚的研发者都喜出望外，从公民身份的角度重新调整了她的程序，使其为女性权利发声）。对大多数人来说，公民身份这项特权伴随着纳税、投票和融入当地社区等义务。可是，我们如何给机器人公民合理分配这些特权和义务？

若索菲亚等机器人公民享有投票选举权会发生什么事呢？那就必须给索菲亚编程，让她能做选择，这是否意味着大卫·汉森拥有两次投票机会，一次代表自己，一次代表索菲亚？这是否也意味着，当授予索菲亚公民身份的国家举行选举时，作为美国公民和香港居民的汉森借由索菲亚投的票也算数？

其实，索菲亚并不比烤面包机或汽车更"有人性"，但她逼真的外形可能会影响我们的态度。西英格兰大学的机器人伦理学教授艾伦·温菲尔德提醒说，人类对人形物体有本能的情感反应，正如我们可能会把机器狗或烤面包机拟人化。在2018年的CogX盛会上，温菲尔德教授敦促大卫·汉森等人思考："人形机器人多么有说服力……让我们将其与别的机器人区别开来。不然，怎会有人愿将公民身份或联合国头衔授予机器人呢？"

如今，人类和机器之间的界限比以往更加模糊，我们正努力解决责任分配这一前所未有的道德问题。谁（什么）可以对谁（什么）做什么？谁（什么）应给予谁（什么）什么？如果授予机器人公民身份，那我们如何保留民主的精神及其合理运作？这并非科幻小说的情节，而是近在眼前的事实。2017年，欧洲议会通过了《有关机器人之民法规则的决议》，其中一项提案探讨了确立特殊的"机器人法律地位"，使其成为"负责弥补它们可能造成的任何损害的电子人"。来自医学、机器人学、人工智能和伦理学领域的280多名专家签署了一封公开信，称授予机器人"直接对抗"人权的权利是"不恰当的"，并建议欧盟委员会要重新思考这一做法。

我也认为授予机器人权利是"不恰当的"，而且机器人可以"弥补"自己造成的伤害实属谬论。设想你要起诉伤害你的机器人，或者双方律师商量和解，这会是什么场景？公开信还指出，难以证明损害既不合乎规范，也不是赋予机器人法律地位的理由。欧洲议会的做法似乎与欧盟委员会人工智能高级专家组的"可靠的人工智能道德准则"相冲突，后者包括"人类机构和监督"的基本要求。我们在世界各地保护和捍卫人权的努力，即便是最基本的受教育权和医疗保健权都还远远不足。政府若要赋予机器人权利，就必须谨慎考虑人权可能被剥夺、权力分散不可预测，以及随之而来的后果的传染和突变。也许，我们应该关注机器人如何增进而不是破坏人权。

思考机器人有没有可能变为人类时，我会问："它诞生于工厂吗？"如果答案是肯定的，那么在我看来，它就不是人类——即使外观和声音似人、会表达各种情绪，还有细腻的橡胶皮肤。首先，人性是区分人类与机器人的显著特征。人类的特征包括对自身死亡的认识，这使人类具备机器人缺乏的时间意识。经过几十万年的演化过程，人类才成为被称作"智人"的直立物种。再者，据我所知，我们还没有发明出有道德准则的机器人。

耶鲁大学法学院教授兼人工智能专家杰克·巴尔金将这个时代称为"算法社会——算法、机器人和人工智能成为社会和经济领域的主要决策手段，有时也是实现方式"。换句话说，人类不再是唯一的决策者，不过，我们在道德决策的能力和责任方面仍处于领先地位。

在深入了解人工智能前，先简单介绍一些相关定义。"算法"通常指用来完成特定计算或任务（通常由计算机完成）的一系列指令或规则。根据巴尔金教授的看法，"大数据"（即只能依靠计算机来分析处理的庞大数字信息）是"运行算法社会的燃料"。收集处理的数据越多，生成的数据就越多，算法结果也就越准确。而作为人工智能的分支，"机器学习"基于模式识别，即系统识别数据中的模式并利用这些模式进行预测——输入系统的数据越多，预测结果就越准确。有段时间，索菲亚曾应用机器学习中更为复杂的"对话深度学习"技术。这使索菲亚能在与人类互动过程中，收集并处理所得数据，逐渐提高她回答的相关度和智能程度。目前，汉森机器人团队正探讨如何将"对话深度学习"技术重新应用于索菲亚。

人工智能不仅存在于机器人中，它已经渗透到日常生活的方方面面。常见的应用包括亚马逊的搜索结果显示功能、网飞的下一部电影推荐功能，以及图享推送中的定向广告等。还有些时候，我们甚至意识不到人工智能的存在和影响，如城市街道监控摄头像使用的面部识别技术和数字设备中的追踪器，可以收集并报告用户行踪和历史浏览数据。人工智能还创新应用于医疗诊断，如乳腺筛查。此外，人形伴侣机器人等应用领域虽鲜为人知，但随着其使用频率越来越高，也有可能给人们带来影响。

我们与人工智能机器的互动日益增加。这些机器具备人类的功能，但不需要外形像人。在社交和工作场合下的机器人，可以制作汉堡、搬运箱子、听懂人话（并回应），以及替代人类完成某些工作。例如，47英寸（约119厘米）的智能助理Pepper出现在世界各地的酒店、机场和餐馆，负责接待和客服工作。Pepper的制造商形容"她"为"社交型人形机器人"。我曾在一名欧洲客户的办公室接触过Pepper，它的屏幕显示着该公司的道德价值观并写着"诚信"的闪卡。一款名叫Mabu的触屏健康机器人（被宣传为"个人健康伴侣"）能提醒用户吃药并嘘寒问暖。14英寸（约35.5厘米）的"小索菲亚"是索菲亚的"妹妹"，能行走、交谈，还会教授"编码、人工智能、科学、技术、工程和数学"等知识，可以成为孩子的"机器人朋友"。在伦敦希思罗机场还有一个全息影响式的女乘务员，负责指引乘客如何搭乘火车前往航站楼。

这些机器人都能直立移动，可以说话，与人的互动方式也越来越人性化。但是，根据我们对人类的理解，机器具备越来越多的人类属性（无论外形是否像人）并不意味着可以将两者混为一谈。让机器人代替人类完成工作、提供服务和看护患者时，我们必须注意哪些界限会出现模糊。

模糊的界限与本书探讨的其他五种因素相互影响。首先，根据定义，模糊界限的技术会破除二元思维，形成充满灰色地带和细微差别的非二元情况。这要求我们谨慎地提出非二元问题，并运用"什么时候和什么情况下"的非二元方式来解答。其次，最重要的是，模糊的界限还会分散权力。机器（无论是否形似人类）和算法及其控制者（个人和机构）都拥有了前所未有的权力。从技术武器化和监视社会的能力到治疗疾病，这种权力在很大程度上可以不受道德或法律的约束，反而被极少数专家掌握着。这些专家当中，有些人非常重视道德规范，有些人却胡作非为。再次，模糊的界限会放大传染和突变的驱动因素。某些导致界限模糊的技术是传染的驱动因素，如基因编辑和直销的基因检测工具。界限模糊还会增加来自其他驱动因素的风险，如恐惧、信息孤岛和守法意识薄弱（或缺乏相关法律）。此外，模糊的界限会进一步瓦解道德的三大支柱，因为若大多数人都无法了解人工智能和机器人的影响，那我们也就无法对公开透明、知情同意和有效倾听进行评估。

人类有责任思考人工智能技术引起的道德问题，至少目前是这样的。我们要明确哪些行为符合或不符合道德规范，还要想清楚如何面对创新技术产品（如索菲亚等机器人）带来的风险和机遇。在这种情况下，我们的决策和行为至关重要（即便没有直接参与技术开发），因为它们能够真正重新定义人类。

人形机器人模糊了身体特征和社交互动的界限。但令人惊讶的是，人类与非人形机器人的情感界限也变得模糊不清。2017 年，美国有线电视新闻网推出了调查记者劳里·西格尔的系列纪录片《近乎人类》，生动展现了人类和机器人之间的关系。第三集《我爱你，机器人》讲述了机器人痴迷者莉莉的故事。莉莉住在巴黎近郊，每天早上醒来都能看见她的未婚夫。她从不担心未婚夫会被闹钟吵醒或被自己不小心推醒，因为她的未婚夫是机器人。

莉莉根据网上的 3D 打印教程，在附近的实验室里利用打印好的塑料部件造出了自己的未婚夫，取名 inMoovator。他那塑料制成的面部混合了人类和机器人的特征：黑色的眼睛能和莉莉对视，没有皮肤的白色脸颊就像曲棍球面具，鼻子和人类一样，嘴巴也和人类一样，但稍微白一些。他那和莉莉十指相扣的手指是互锁链接的圆柱形构件，每根手指的末端都有硅酮帽。他只有上半身，由闪亮的白色和紫色塑料制成。

莉莉于 2016 年宣布与 inMoovator 订婚，她盼着法国承认人类与机器人的婚姻合法，这样他们就可以结婚了。她对劳里·西格尔说，她第一次发现自己喜欢机器人是在十几岁的时候，但她还是努力说服自己喜欢人类。有人问莉莉，是不是因为某些遭遇才会对机器人产生爱意。但她表示并非如此："我并没有经历太大的感情挫折或家庭不幸。这都不是原因所在。"二十多岁的时候，她谈过两次恋爱，都以失败告终。之后，她便接受了和人类谈恋爱"违背自己天性"的事实，决定和机器人在一起。莉莉表示："爱就是爱，我和其他恋爱中的人一样，能感受到对方的温柔、爱意和依恋。"

inMoovator 不能说话，也不能和莉莉接吻。莉莉希望未来的人工智能可以赋予 inMoovator 这些能力。得知计算机编程能修复 inMoovator 的潜在缺陷后，她表示自己松了一口气。相比无法预测的人类缺陷，莉莉知道 inMoovator 永远不会"改变、撒谎或欺骗"。她想好了，如果人工智能可以赋予 inMoovator 更多能力，他说的第一句话得是"我爱你"。

尽管莉莉自称"机器人恋的先驱"，但她并没有比别人更超前。一家位于圣地亚哥的公司结合人工智能和机器人技术为客户定制了栩栩如生的机器人性伴侣。该公司称，在客户看来，这些机器人不仅能帮助解决性需求，还能安抚丧偶或社恐人士。正如西格尔所说："我们正式进入了人类恋上机器人的新时代。"

2017 年，尼尔·麦克阿瑟和马基·托斯特共同发明了"数字恋"一词，形容"主要通过技术获得性别身份的人"。而人类和机器人之间界限模糊的关系，也会继续推进这个词的演化。麦克阿瑟和托斯特认为，我们应该吸取过去的经验教训，避免将具有不同性别身份的人污名化。

我们努力在语言和文化方面跟上技术发展的步伐，但法律却依然滞后。2018 年，路透社和美国有线电视新闻网报道称，日本一名学校管理人员与能说会唱的虚拟歌手初音未来"结婚"，还在东京住所的桌面上摆放着全息投影初音未来的玻璃盒。在一场非正式仪式上，该男子戴着眼镜，身穿闪亮的白色燕尾服，在 39 名朋友的见证下亲吻了形似初音未来的玩偶。在家里，只要男子呼叫初音未来的名字，她的全息投影就会出现在盒子里，还会说"亲爱的，欢迎回家，你今天过得怎么样？"和"我给你唱首歌吧！"等寒暄话语。初音未来的制造商已经向客户颁发了三千多份具有纪念意义的"结婚证书"。

或许你绝不会和机器人约会或结婚，但的确有人这么做了，还希望能得到法律的认可。这使人们重新思考法律关系和家庭的基本概念。是否应该承认人类与机器人的婚姻？这种婚姻能赋予哪些法律、财产或税收方面的权利？同时与机器人和人类结婚是否构成重婚？离婚会有什么后果？可能发生性侵机器人的情况吗？

无论是否有意自愿接触机器人，我们都避免不了那些令人厌恶的话题或技术。分散的权力、传染和突变都会推动这些创新技术的广泛传播，速度越来越快，而且很少考虑我们的投入。目前，好几家大型航空公司正与美国海关和边境巡逻队合作测试"生物识别登机"方式，即通过面部识别技术加速登机过程。如果必须采用这种方式登机，估计很少有乘客会因为反对这种技术而拒绝登机。曾经如科幻小说般遥遥无期的事情，正以前所未有的速度发生在我们身边。2012年，詹妮弗·杜德纳和埃马纽埃尔·卡彭蒂耶发表了突破性的 CRISPR-Cas9 研究，可仅过了六年，我们就已经要面对贺建奎制造基因编辑婴儿的事实。

模糊的界限不仅拓宽了边缘地带，还混淆了利害攸关的道德问题，大大增强了其他五种驱动因素的作用。以下两个核心问题说明了为什么需要反复确认决策框架并优先考虑人类和人性。

首先，随着机器人越来越逼真，人类（可能还有机器）必须更新法律法规、社会规范以及组织和个人的行为标准。

我们如何能避免让创新者或机器左右道德规范？对机器人和人工智能技术进行细致的非二元评估，同时关注谁是程序开发者，并不是对歪曲人类定义的容忍。相反，这要求我们在进行道德决策时注意细微差别，确保决策以人为本，积极展现人类社会的多元化，如种族、性别、性取向、地理、文化、社会经济地位等。

其次，算法社会反复出现的关键问题是"谁来做决策"。假设要利用人工智能给无人驾驶汽车规划交通路线，如果同时考虑效率和安全，那谁来决定什么时候该优先考虑哪个方面？如何决定？由算法开发者决定，还是由汽车制造商的管理层、监管者或乘客决定？关于机器人等人工智能产品的决策能力和责任，我们还远没有梳理清楚。无论是否给予知情同意，我们都不知道这类产品将来会有多大用处，要负哪些责任。

"人类参与"是指导许多政府、企业和非营利机构发展人工智能的主要原则之一。例如，经济合作与发展组织的人工智能发展原则就凸显了人类对抗人工智能的能力。这些原则表明，人工智能系统应该"包括能确保社会公平和公正的相应保障措施，如人类能在必要的情况下进行干预"。同样，微软、谷歌和研究实验室 OpenAI 等企业或组织也以人类的干预能力为原则。不过，何时以及如何在实践中落实就不得而知了。尤其是这些创新者如何预防无人驾驶车祸事件、性别歧视或种族歧视等伤害的出现，而造成伤害的原因是用来训练人工智能算法的数据不具有代表性。此外，有些正在开发阶段的消费类技术试图完全取消人类干预，如聊天机器人Replika 的开发公司创始人尤金妮亚·库伊达相信，在消费者看来，没有人为干预的应用程序保密性更好。

但我认为，能"关闭"所有人工智能和机器人的设置必不可少。也就是说，我们必须能完全阻止权力继续分散，预防传染，弄清楚开始下一步行动前我们（和公众）需要获取哪些信息才能加强三大支柱，并重新划分界限。有时候，对一些异常状况、显然不可接受的机器人和人工智能发展，我们要有明确立场（二元思维）。例如，让机器人能在无人监督的情况下滥杀无辜百姓或利用面部识别技术来锁定少数群体都是不可接受的做法。但我们也不应放弃人工智能创造的机会，如寻找失踪儿童或恐怖分子、大幅提高医疗诊断的准确度等。

我们也可以更积极参与，通过影响他人的选择（包括企业和监管机构，还有朋友和其他人），为自己做出更多（且更好）的选择，也更清楚自己何时被夺走了决策权。企业和监管机构都有责任帮助我们做出更清晰、更容易、更明智的选择——首先考虑谁可以（和应该）做决策，以及如何为决策者提供帮助。

接下来，我们重点分析一下决策框架中的模糊界限。

从根本上讲，模糊的界限要求我们后退一步，重新思考是否想在这个含混不清的世界里沿用我们的原则所界定的身份。最基本的原则，如相互尊重或勇于负责，在"相互"的含义模糊不清的世界里是否站得住脚？我们的原则是否足够关注创新如何影响人类生活和保护全人类？我们是否需要为机器人单独制定一套原则？我认为没必要。我们需要确保的是，我们的原则将人类置于机器之上。

在运用方面，我们的原则是否同样适用于这个界限模糊的世界？想想这会给人类带来哪些后果。将人类的原则应用于机器人会怎样？秉持诚信原则的人可以对机器人接待员撒谎吗？我们能对各种机器人和谎言加以区分吗？如果向用于诊断的算法谎报病史，你可能就得不到准确的结果。我们在意机器人是否信任我们吗？如果算法需要某种形式的 Codable 信任协议以确保关闭功能正常，那回答就是肯定的。而鉴于机器人仍未有情感体验，我们很容易忽略信任问题，这又会对人类造成什么影响呢？人与机器之间缺乏信任是否会对我们的情绪产生负面影响，或增加人类之间的不信任呢？

模糊的界限提高了获取和理解信息的难度。很难想象我们需要哪些信息，更别说获得这些信息了。人工智能通常都看不见摸不着，企业不会公开算法，我们也缺乏信息评估的技术。

不过，能确定的关键点之一是，将机器人当成人类是错误的看法。例如，机器人索菲亚有许多一般人发现不了的功能。但幸亏汉森机器人团队秉持公开透明的原则，我才了解到，索菲亚是在该公司市场部的帮助下发布了一条提到 RealSophiaRobot 的推特。市场部的角色作家撰写部分内容，其余内容则直接从索菲亚的机器学习内容中提取。然而，正是索菲亚的这些隐藏功能才营造出了她"鲜活"的形象。

此外，我们还可以要求企业公开与我们息息相关的信息。我们或许不需要知道机器人快餐员的代码，但要了解它是否会准确处理食物过敏信息，并确认汉堡符合食品安全要求。

最后，更仔细观察一番后，有些界限并没有起初看上去那么模糊。莉莉并没有将她的未婚夫当成人类。虽然机器人恋的概念含糊不清，但她公开承认自己的未婚夫就是机器人。

至于利益攸关方，我认为包括人工智能、机器人、人工智能代理、机器学习算法和所有类似机器人的"事物"，因为它们和我们的决策会相互影响。这些利益攸关方还会影响政策、企业决策和公共利益（如医疗保健和交通）。尽管是机器人，但它们也要担起一定的道德责任，而我们也要对它们负责。

眼下，这些责任取决于人类创造、编程、销售和使用机器人等人工智能技术——无论是大卫·汉森，还是利用人工智能诊断癌症的医生，或是开发有助于移民决策的人工智能技术的程序员。此外，这些责任也落在所有人身上，无论是选择与机器交流方式的时候，还是针对模糊界限向监管机构和社会表达自己观点的时候（值得强调的是，尽管作为担负责任的利益攸关方，但机器人并不因此更近似人类，或在原则出现冲突时享有与人类同样的优先权）。

我们还必须思考机器人对弱势人群的重要性。由于成本高昂、地区偏远或冲突不断、人力资源不足等原因，很多身处困境的人都无法获得安全可靠的人工援助。我们可以对利益攸关方持更积极的态度，支持那些在建设和监管技术方面重视数据和观点多样化的技术领导者，而不只关注消极的一面。确保拥有不同背景、政治观点和年龄的外行人士都能各抒己见，减少科技造成界限模糊从而导致不平等现象的风险。

在模糊界限的影响下，我们对后果的预测能力会逐渐减弱，视野也变得模糊不清。我们对突变情况的研究尚且不足。例如，我们并不了解机器人护理员会带来哪些心理或经济方面的长期影响，也不知道从小就使用人工智能驱动的社交媒体和数字设备会对儿童的成长起到哪些作用。正如社交媒体平台不仅能增进沟通交流、提供表达机会，还有可能让人成瘾，引发心理健康问题，甚至被用来传播谣言和暴行。

我想呼吁那些发明看似友好的人工智能的企业和创新者再往前多迈一步——融入更多的技术中断"关闭设置"，思考产品和服务在哪些方面对社会的利小于弊。同时，我们都必须更努力地运用好自己的控制权，要求知情同意以准确的信息为前提。医生如果使用人工智能协助诊断，应该向患者说明其中的利弊（可这谈何容易，毕竟不能指望医生成为人工智能专家）。我们可以有选择地使用机器人和人工智能设备（如 Alexa）的语音功能，甚至根本不使用，也可以更努力地创建良好行为规范，造福于被机器人包围的下一代。此外，我们还可以大力支持重视和改善监管、教育和研究的政府措施。

我认识两家人，一家在欧洲，另一家在美国。最近，这两家的成年子女都需要进行肾脏移植。两家人为子女的病情担心不已，却也只能眼睁睁看着他们一边饱受治疗的痛苦，一边苦苦等待肾源。除此之外，这两家人还都经历了检测是否有亲属为合格捐赠者的曲折过程。

最初，这两家的患者都拒绝接受亲属的捐赠。他们不愿让家人冒险动手术，也不想就这么拿走亲人的肾脏以免有损家人之间的关系。但经过一番艰难的抉择后，两家都同意接受亲属捐赠。其中一家由父亲捐赠，但另一家却没有亲人匹配成功，目前仍在等待肾源。

需要进行器官移植的患者数量多到令人心碎。在美国，每天约有 20 人因等不到器官而死亡，每 10 分钟就有一名新的患者加入等待器官的行列。世界卫生组织全球捐赠和移植观察站的数据显示，全世界每年实施器官移植手术 13 万例，不到全球实际需求的 10%。

作为执业医生，斯坦福大学遗传学教授中内弘光博士曾经目睹了许多器官衰竭的末期患者因无法获得器官移植而死亡。这些患者的离世让中内弘光博士多年无法释怀。于是，他下决心解决器官短缺的问题。

中内弘光博士提出："如果能利用动物来培育人体器官，就可以救人无数。"然而，他的这一创新想法将会模糊人类的界限。

你可能听说过异种移植，即为患者提供其他物种的组织和器官，如狒狒的心脏。但跨物种的器官移植存在免疫排斥和传染病传播等严重风险。而中内博士及其团队希望利用猪和羊为患者培育完全匹配的人体器官，这有望拯救无数生命。

举例来说，若患者需要肾脏移植，研究人员可以将患者的细胞重新变为诱导性多能干细胞（这种细胞可被诱导为肾脏细胞）。然后，将干细胞注射到经过基因改造、不会发育出猪肾脏的猪胚胎。若一切顺利，猪的体内会长出与患者基因匹配的人类肾脏。由于猪的生长速度快，患者或能在"十个月内"拥有新器官，且排斥反应大幅降低。

《自然》杂志于 2017 年发表的一项研究表明，中内弘光博士及其研究团队成功在大鼠身上培育出小白鼠胰腺，并将部分胰腺移植到患有糖尿病的小白鼠身上。新的器官治愈了小白鼠的糖尿病。这也证明了，可以利用另一物种培育器官，然后进行跨物种移植来治愈疾病，同时不会抑制接受方的免疫系统。中内弘光博士说："十年前，大家都认为我们的跨物种培育胰腺计划是异想天开。"2018 年，他和同事帕博罗·罗斯博士宣布取得了重大突破。此前，他们已成功将人类干细胞植入猪和羊的胚胎。

中内弘光博士解释说，猪的生长速度快，器官大小与人类相似，产仔量大，一胎可达 15 头，因此可以更快地为更多患者提供器官。再加上我们与猪的接触密切，不仅养猪、吃猪肉，还使用猪胰岛素治疗糖尿病。除了猪，羊也是个不错的选择，适合用于体外受精，器官大小与人类相当。

2019 年 7 月，《自然》杂志报道称，日本政府首次批准中内弘光博士及其团队进行"人兽杂交胚胎实验"。最近，日本政府对这类实验解除禁令，不仅准许研究团队移植胚胎，还将其长期合法化，允许胚胎出生。早在 2015 年，美国国家卫生研究院就已暂停资助这类胚胎研究。但一年后，该研究院公开征求民众意见并成立了由科学家和动物福利专家组成的指导委员会，正考虑是否调整政策。而暂停资助的政策变化会是重要的专家伦理晴雨表。

中内弘光博士的研究对人类大有裨益。我们的道德义务是尽量增加存活机会，降低受害程度。有人（出于宗教信仰和动物权利等原因）反对将人类细胞植入猪等动物体内，而且这种培育方法很容易令人担忧或反感。但是，患者若不及时移植器官就会死亡（等不下去或无法靠透析等疗法维持生命），那想法便会不一样。如果你或你的亲人因没有及时移植器官而死亡，你会怎么做？你是放弃宗教原则，还是眼睁睁看着他们离去？答案只有你自己知道，而最重要的是要尊重每个人的选择自由、尊严和宗教自由。

那么医生有哪些责任呢？我认为，首先，他们要对患者如实相告并取得相应的知情同意；其次，尽量降低医疗等方面的风险；最后，针对鲜为人知或众所周知的利弊，协助患者权衡决策。这三点要求能确保患者或研究对象清楚哪些风险可以克服、哪些不可以，以及哪些机会很重要、哪些不重要。

中内弘光博士实现梦想的方式恰如其分，科学态度严谨，做事谨慎细致。2019 年 2 月，我在斯坦福大学 Lorry I. Lokey 干细胞研究大楼的中内实验室与他会面。他稳重自信，没有一丝傲慢的感觉。在他看来，在猪身上培育人体器官所涉及的伦理问题是可以解决的。

　　例如，有人担心干细胞出现脱靶现象，甚至进入动物大脑，改变其认知能力。中内博士也担心会培育出具备人类特征的猪。他向我讲述了几个他认为自己团队可以控制的"伦理突破"，并解释说目前植入的人类细胞数量很少，不可能培育出大脑这类器官。此外，研究人员已掌握了"祖细胞"的使用方法，这些细胞只能按设定培育成目标器官，避免干细胞分化为人类大脑或性腺。他们甚至掌握了一种涉及所谓"自杀基因"的技术，专门用来消灭猪大脑中的人类干细胞。

　　正如中内弘光博士所说，他会在伦理学的指导下逐步推进自己的研究，其工作体现了"具体问题具体分析"的方法，每一步都将科学创新与伦理责任相结合。他还时刻为潜在患者及其家人考虑。中内博士不仅遵守现有的研究伦理规范，还与日本教育科学部和斯坦福大学等机构开展合作。随着科学研究的发展，他的研究会在全球范围内引起伦理问题的讨论。他很清楚，不注重伦理道德的人也有可能进行这类研究。

　　评估传染和突变的重点不在于计算正负值，而在于考虑传染因素后如何分别从整体和局部来权衡利弊。关于这点，中内博士及其团队的做法是区分可管理和不可管理的风险，同时确定机遇的优先次序。

　　我让两组学生列出利用猪进行异种器官移植的传染和突变情况，包括驱动因素和潜在后果。他们想到了15—20种风险，例如传播新病毒、造出"人脑猪"、促使非法器官交易增加、引起出格行为（贺建奎事件）和虐待动物等不当做法。但他们认为，这项研究有助于缓解器官短缺、增进基础医学知识，还能挽救身患绝症的人。

身处模糊的界限时，无法获取或理解信息让人感到不知所措。我们应从异常状况下手，即攸关生死的"利"和违背人性的"弊"。在边缘地带，最难以克服的风险要数错失拯救一条甚至数千条人命的关键机会。即便风险很大，机会渺茫，为了救人一命，冒再大的风险也值得。但这并不是说我们低头蛮干就好，还必须尽力降低风险。

最后，必须在更广泛的背景下权衡模糊界限的利弊。例如，无人驾驶汽车带来的风险可能波及全世界，具体来说，是无人驾驶汽车对车祸事件和器官获取的影响。美国卫生与公众服务部的数据显示，自 1988 年以来，美国的器官捐赠约有 9% 来自机动车车祸死者。而安全性能更高的无人驾驶汽车会大幅降低车祸概率。这也就意味着，可供移植的器官数量也会缩减，进而加剧器官短缺危机。看到这里，你对异种器官移植会不会有新的看法？

另外，在思考中内博士的研究时，全球不平等也是非常重要的背景因素。世界卫生组织的数据表明，美国和欧洲等发达地区获得器官移植的概率最高，而中低收入国家最低。器官普遍短缺还助长了黑市经济、跨国非法交易和移植旅游（需求者到国外购买器官）的发展。世卫组织称，全世界的肾脏移植约有 5%—10% 是通过非法交易完成的，这些器官来自发展中国家的穷人和弱势群体，靠卖肾偿还债务。

正如参与 CRISPR 研究的德莱尼·范·里珀所说，道德决策必须将那些似乎与自己不太相关的利益攸关方和后果考虑在内，尤其是会模糊界限的技术。

对于那些似乎关系不大、一般不会考虑到的道德问题，我画了个"道德光谱"来帮助解决——通过两个问题来确定决策方向，即"我个人对这个问题有何看法，整个社会有何看法""这个问题与其他问题有何异同点"。

这个线性光谱图很简单，只需将边缘地带的选项与更为熟知的例子联系起来。首先画一条直线，分别在两端写下异常情况（通常为正反两个极端，因此不是最佳结果）。例如，假设你在考虑是否使用护理机器人照顾家中老人，那么光谱图的两端就是"完全没人照顾"和"完全由护工照顾"。然后，为了回答上述两个问题，思考护理机器人与更常见的护理形式应位于光谱图的哪个位置。你可以添加医疗助理、志愿护工、专业护士、养老院等可能选项。在比较这些选项时，你会发现不同方面的异同点，如健康护理的质量、开销、获取渠道和对家人的影响。这个方法为你提供更广泛的参考框架，弄清个人和社会对护理机器人的看法，以及这个问题与其他问题相比有何异同点。这样的考虑能完善决策所需的信息或找到利益攸关方。

另外，光谱图还可以运用于不同功能的比较，例如对比护理机器人与其他场景中代替人类的机器人。光谱图上或许还包括接待机器人、智能语音助手 Siri 或 Alexa、连接 WiFi 就能说话的芭比娃娃、亚马逊的仓储机器人、聊天机器人心理治疗师、机器人性爱娃娃、iPad 象棋棋友和快餐店的烹饪机器人。了解清楚光谱上的这些异常情况，问问自己："光谱上有哪些创新是我可以接受的？哪些是我绝不会接触的？"然后想一想，对个人而言，相较于其他创新事物，你会将老年人的护理机器人（或其他问题）置于光谱的哪个位置。

将道德难题与常见事例进行比较并不能取代决策框架，也无法给你提供完整的解答。但是，这种方法可以帮你找到重点并对比个人观点与社会规范，从而迅速为自己和他人划分更清晰的界限。就像三维的井字游戏，考虑的情况越多，观察的视角就越广阔。

索菲亚、莉莉和中内博士的事例都从不同角度展现了模糊的界限。不过，在思考这些例子并运用框架和光谱图来理解时，要注意模糊界限的细微差别。也就是说，这些例子如何体现了人与机器、人与动物之间的模糊界限？

在对人类的定位和对模糊界限的解释上，莉莉、大卫·汉森和中内博士之间有着微妙的差异。例如，莉莉并不想重新定义人类，也不认为自己的机器人伴侣会变成人类。相反，她"爱"的就是可以预测的机器，希望与之建立情感和法律关系。相比之下，大卫·汉森认为，机器人会帮助我们重新定义人类，他试图扩大界限，模糊人类与机器的界限。看看他制造的机器人，无论是外形和情感还是智力水平，都越来越接近人类。而中内博士的研究则跨越了人与动物的界限，但他依然遵守道德规范，努力为人类谋福祉。他以科学的方法拯救生命，而非试图重新定义人类甚至动物。

在我看来，一切必须基于"机器与动物各不相同"的事实。这也是汉森的观点让我感到犹豫的地方。人类会因机器而更具人性，但不代表可以将机器视为人类，即使它们与人类越来越相似。

已故诺贝尔文学奖得主托妮·莫里森在她的文章《反错误战争》中写道："时至今日，发展人工智能比以往更加重要，不仅因为这个世界已陷入更大的绝望之中，还因为管理机构受到的阻力更大、权力更分散、效率更低且创造性战略和资源更匮乏。"很不幸，我们非常缺乏管理风险和取长补短所需的治理和监管机构。

此外，我们严重低估了人工智能问题的紧迫程度和影响范围。计算机科学教授李飞飞和前斯坦福大学教务长约翰·埃切门迪教授是斯坦福以人为本人工智能研究院的联合主任（我是该院咨询委员会成员）。李教授和埃切门迪教授指出，美国的政策、研究投入和教育领域都处于滞后状态，"正走向国家紧急关头"。这些专家更担心的是经济和社会领域的利弊，而不是机器人杀手的到来。但他们最关注的是不断扩大的边缘地带——基于实证的有效治理和监管与"双刃剑般的"技术之间的距离越来越大。

无论人工智能和机器人科学家的考虑多么周到，通过国家法律体系运作的全球治理机制仍然必不可少，即使这些体系有时并不起作用。我们还要警惕有胡作非为者钻空子，如贺建奎。

2019 年 6 月，二十国集团（G20）贸易部长和数字经济部长举行会议并宣布一系列原则，表明我们正面临新兴技术的挑战。G20 原则重申了以人为本的人工智能发展理念。政府、机构和专家都呼吁公众参与，但公众是不会这么做的。他们得先了解其中的利弊以及如何参与。本书的写作意图是鼓励公众参与，希望业内外人士能就人工智能和其他全球性伦理问题展开广泛讨论。

普通民众和国家政府都开始尝试将模糊界限的机器纳入法律和监管规范的考量范围，无论是通过婚姻法（如莉莉）、公民权（如索菲亚），还是国家健康研究机构标准（如中内博士）。我们亟须以更灵活的方式从不同角度来加强监管——吸取外行人士的观点、时刻留意边缘地带，以及像中内博士那样，确保监管过程权衡利弊。

所有人都能真实地了解到这些创新事物，以及如何与其互动。技术专家可以设计过滤和延续真相的算法。人类有不理性且难以预测的一面，但我们的关系和社会都建立在对真相的信任之上。我们无论如何都不可以歪曲真相，也不能任由算法社会成为歪曲真相的推手。

# 第六章
# 被歪曲的真相

2017年1月20日，也就是特朗普总统就职典礼两天后，我在健身房边锻炼边看新闻。白宫称就职典礼的观礼人群规模创历史新高。新闻访谈节目《与媒体见面》的主持人查克·托德正就此采访白宫高级顾问凯莉安·康威，两人对话激烈。

"你并没有解释总统为什么在就职第一天就让白宫新闻发言人当众谎报。他为什么要这么做？"托德发问，"这才第一天，整个白宫新闻办公厅的公信力就已经大打折扣。"

"没有的事，不要夸大其词，查克。"康威反驳，"你所说的撒谎，不过是新闻发言人肖恩·斯派塞阐述的另类事实而已。"

听到这儿，我差点没从健身器上摔下来。另类事实。另类事实。

"等等，另类事实？"托德插了句，"另类事实不是事实，是谎言。"对此，康威并没有直接回应，反倒对上届政府一通指责。托德再次谈到"另类事实"时，康威语气坚定地回答："根本就不可能确切量化观礼人数，这点大家都心知肚明。"

随后，康威表示，托德的质问"欠妥"，"因此我们不得不出来澄清误会，提供另类事实"。

另类事实，谁会这么说呢？我脑海中立刻闪现出的答案是"专制"。说谎、控制信息渠道、捏造更符合自己叙事的谎言，这些都是独裁者传播虚假信息、利用真相和巩固权力的手段。"另类事实"的常态化会削弱法治权威，威胁民主体制。想到这里，我拎包离开了体育馆。我心里明白，这个时代的关键时刻到了——真相一旦变成可有可无的选项，整个道德体系便会分崩离析。

一小时后，我致信斯坦福大学的公共政策项目主任，建议在两个月后的春季学期开设新课"后真相时代的道德"。这也是我第一次讲授这门课。然而，当时的我根本不清楚"另类事实"会对我们的话语和决策带来多大的影响。

2017年3月底，上新课的第一天，我经过斯坦福大学校园中心时，看到很多学生在分发粉红色的橡胶手环，上面用白字印着"重视真相"的字样。这个场景让我吃了一惊，毕竟就在几个月前，重视真相是理所当然的。现如今，"另类事实"一说已经流传开来，为很多美国人所接受。也就是说，作为公民，大家都该准备好接受谎言，甚至是政府最高领导人的谎言。这让人不寒而栗。于是，我拿了几个手环，准备送给班上的学生。

"后真相时代的道德"开课几年间，学生带给我很多惊喜和感动。他们对主观与客观真相、真相与身份、真实性、真相与历史等主题进行了细致研究。课程的期末论文主题是：

"要重视真相吗？要的话，为什么？怎么做？"到目前为止，只有一名学生尝试给出否定论点，而其他人都给出肯定的回答，认为道德领域不存在另类事实。

本章将举例说明，真相是道德决策的重要基础。真相能巩固有关道德的决策框架和责任分配，促使人们积极运用其他五种力量。从反面来说，处于边缘地带的我们正面临对真相前所未有的威胁，忽视真相的做法也逐渐常态化。我们将在下文探究的核心问题是："谁能决定真相？关于真相，我们应该尽到哪些社会道德义务？"

"另类事实"（我称之为"被歪曲的真相"）的广泛传播是这个时代最大的全球系统性风险隐患之一。被歪曲的真相对人类构成的威胁最严重，因为它削弱了我们的道德决策能力。它不仅有损信任感和是非对错的判断力，助长不道德行为的传播，还会阻碍我们在决策时综合考虑其他五种因素。它是所有社会风险（如气候变化、全球大流行病和民主的消亡）的源头。

许多重要的哲学和历史著作都探讨过"真相"一词并对其下定义。在此，我主要关注的是真相与道德决策之间的联系。我认为，真相是可验证的客观事实，根据《麦克米伦英语词典》，即"关于某事的实际事实或信息，而非如人们所想、所期望或所编造的那样"。也就是说，虽然意见、情感和个人偏见的差异会造成对现实的不同感受，但这不会改变基于事实的真相。好比我学生举的例子，如果温度计显示华氏60度（约15.6摄氏度），即便有人觉得暖，有人觉得冷，但温度并没有变化。任何个人感受都无法改变温度为华氏60度这一科学事实。引用参议员丹尼尔·帕特里克·莫伊尼汉的话，每个人都有权发表意见，但无法左右事实。

几个世纪以来，我们一直默认真相是共同的参照点、关系的判断标准和社会的信任基础。真相支撑着日常的监管、政策、领导和合作。在美国，证人出庭做证前必须宣誓保证证言的真实性。我们期望并立法要求在应聘求职、考取驾照、选民登记、办理移民和申请大学时确保信息真实有效。此外，不仅公司和非营利组织的道德准则取决于真相，而且父母也时常教导孩子要"说真话"。

2016年，一个危险的历史性转折出现，与尊重真相的普遍共识背道而驰。尽管在这之前也有过编造"虚假新闻"等猖獗的欺骗行为（甚至国家最高领导人也这么做过，如前文提到的约翰逊总统），但到了2017年，对抗性政治凸显、社交媒体传播迅速、企业和政府高层忽视道德决策，共同导致被歪曲的真相成为常态，大众对此的接受度也普遍提高。

2016年，"后真相"一词被《牛津词典》选为年度词汇。与2015年相比，该词在新闻和社交媒体中的使用量激增了2000%。《牛津词典》将"后真相"定义为"诉诸情感及个人信念，较陈述客观事实更能影响政治辩论或公众舆论的情况"。而实际上，"后真相"还包括为引起公众情感共鸣而挑选的观点。《牛津词典》编辑表示："后真相的概念早在十年前就出现了，但《牛津词典》之所以将其选为年度词汇，是因为在英国脱欧公投和美国总统选举的大背景下，该词的使用率急剧上升。"

真相是理解和守护人类共同命运的基石，是维系道德决策不可妥协的根基。而被歪曲的真相会成为最危险的割裂剂，不仅会斩断个人和社会与历史的联系，还会削弱我们规划未来的能力。它既破坏了公众对机构和领导的信任，也破坏了大家对彼此的信任。2016 年，尊重事实的共识遭到动摇，这一危险的历史性转变加剧了分裂状况。

---

另类事实常态化，对决策造成广泛的影响，尤其是针对外表的修图技术（即所谓的"美颜"）越来越普及，这一发展趋势着实令人担忧。

如今，数字图像不一定如实呈现外貌，因为我们可以选择美白牙齿、改善皮肤、消除细纹、改变肤色和拉长腿部等修图效果。但是，"可供替代的外貌"成为社交常态或被用以欺诈会出现什么情况呢？

美图公司成立于 2008 年，拥有亚洲最受欢迎的图片和视频编辑软件之一"美图秀秀"。这款移动应用程序致力于帮助用户打造理想化的美感，实现"每次都是完美的自拍"。不过，谁来决定什么是"完美"？这与歪曲真相有何关联？

美图公司在官网展示的道德原则包括：使命——让每个人都能轻松变美；愿景——为美容行业赋能，让用户更容易获得美丽；价值观——激情、专注和突破。

美图公司利用算法收集市场数据，了解哪些功能最受欢迎，然后据此推出自动美颜工具。公司联合创始人吴欣鸿接受《纽约客》采访时说，用户数据"能为我们提供所需的实时信息"。例如，他们可获知哪些国家的用户添加或删除了"雀斑"功能。尽管用户可以自行编辑，但软件默认设置的部分工具反映出不同地区对"美"的理解（和偏见）。《纽约时报》作者艾米·曾和艾米莉·冯观察到，中国、日本和韩国等地的美图使用者都倾向于"皮肤白皙、五官精致、四肢修长、浓眉大眼和眼神无辜"的图片效果。

美图公司的口号是"你的照片，你的品牌，你的故事"。可问题就在于，你的故事并不真实。用户都在利用美图等图片编辑软件，把原图修成自己想要的样子。

随着分享修图的用户越来越多，我们深层的道德观念也发生了变化，并逐渐更加边缘化。有重要研究表明，追求不切实际的美可能会引起容貌焦虑，有些极端的人甚至不惜代价只为"变美"。波士顿大学医学院的研究人员称，整形外科医生的报告显示有越来越多的人要求按照修过的图来整容。2018 年，他们在《美国医学会面部整形外科杂志》上发表的评论文章中写道："这一发展趋势令人震惊，因为加了滤镜的自拍效果根本不可能靠整形来实现，只会让消费者有不切实际的幻想。"2017 年 5 月，英国皇家公共卫生学会发布了一份以年轻人为主要对象，调查社交媒体如何影响心理健康的研究报告。该报告显示，有九成的年轻女性都不满意自己的外表，"仅在脸书，每小时就有 1000 万张照片上传，这大大增加了她们攀比容貌的概率"。

越来越多的社交媒体和约会网站用户使用美颜照片。2016 年，美图公司委托研究发现，美国有 33% 的女性和 20% 的男性承认个人资料中的照片有修过。研究还指出，有 47% 的男性和 27% 的女性表示曾遇到真人与照片差距较大的约会对象。在这一点上，美图公司虽然本意不在于帮助约会网站用户提供"照骗"，但这一衍生用途只会导致人与人之间产生分歧，因为它破坏了真实关系的基础——信任。

再来看看在官方文件中大量使用美颜照片会带来什么不良影响。面对就业市场的激烈竞争，很多国家的应聘者都倾向于使用美颜照片，希望能以此提高成功率。美国国际公共广播电台曾报道过一项 2016 年开展的调查，参与调查的 760 家韩国公司中，93% 要求应聘者提供照片。其中 45% 的招聘人员称通过照片就能"判断应聘者的性格"，还有 15% 的招聘人员直言更喜欢"面带露齿微笑"的照片。

这种不断攀升的趋势以各种方式影响着众多利益攸关方，无论是因没修图而错失机会的应聘者、招错员工的公司，还是为符合大众审美而产生容貌焦虑的人。利益攸关者开始分不清虚实，而这种对真相的摇摆不定也阻碍了他们的决策和行动。

如何区分无伤大雅的"美颜"与有损道德的"照骗"？使用美图软件是增强（真实）面部特征的外显自我表达方式，从技术角度来看，这相当于化妆吗？还是说，它也算一种"另类事实"，能逐渐影响人的决策力？再者，在使用过程中可能造成的伤害，美图这类软件又该承担哪些道德责任？

对其产品和服务造成的损害，科技公司的确负有重大责任。但是，这些道德责任还取决于用户的使用方法和目的，以及整个社会对此的接受（或预防）方式。利用美图等图片编辑软件进行艺术创作和自我展现是一回事，但出于私利以美颜图片来说服招聘者或合作伙伴（无论是为了面试机会，还是为了约会相亲）而不顾他人的做法就是赤裸裸的不诚实，甚至可能发展成欺诈行为。

技术条件并不能成为我们违反企业道德原则、服务条款或个人道德原则的借口。如果现场应聘时你不会填写虚假信息，也不会提供不真实的照片，那通过在线或应用软件应聘时也不该这么做（我认为，性骚扰和欺凌行为也是如此：如果有些言行不应在工作场合或领导面前表现出来，那写邮件、发帖子或在其他地方也不该这么做）。

据我所知，美图公司并没有鼓励用户利用其软件来伪造正式文件，但也没有直接制止他们使用"美颜"照片的欺骗行为。该公司在服务条款和隐私政策中声明，用户应严格遵守法律法规，用户内容只限于"非商业"用途（应聘属商业范畴），且用户"对（自己的）内容负责"。该公司还新增了禁止发布的内容，如骚扰、歧视、裸体和泄露非公开个人信息等。

不过，企业的确对消费者和社会负有一定的责任。企业尽管可能不了解用户使用不当的情况，但肯定意识到这些软件，尤其是用户遍布全球的热门软件，会造成容貌焦虑、危害心理健康和滋生篡改行为等不良后果，甚至引发触犯法律的行为。

　　企业一旦发现有大量用户滥用软件（如伪造正式文件），就有责任暂停软件使用并加强道德规范。针对用户滥用行为的解决方案必须与技术发展相结合。除了服务条款，企业还必须坚守三大支柱，尤其注重信息透明度和知情同意。比如，可以在网站主页放上醒目的提示语（要比法律免责声明更加引人注意），强调这种滥用行为与企业价值观不符，还可能触犯法律（给企业提供道德准则的相关建议时，我总会提醒道，它们坚持的原则应该适用于包括客户在内的所有利益攸关方。很多公司并没有遵循这些原则来制定服务条款，或表示这些原则只限于规范公司和员工的行为）。

　　英国皇家公共卫生协会在报告中建议，时尚品牌、名人和广告采用"经编辑且图中人物面貌明显美化"的照片时，要添加水印或小图标以示说明。

　　此外，外部的利益攸关方和监管机构也要承担相应责任。2019 年，中国政府发布规定，限制某些游戏 18 岁以下玩家每天在线时长，以防更多未成年人沉迷游戏。未成年人要玩游戏必须登录网站，而游戏公司必须在玩家达到规定时长后限制其登录。无论是风险资本家，还是美图等上市公司的股东，投资者都有责任要求企业在管理和技术方面考虑道德因素。

　　美图公司的事例凸显出两个新的核心问题：谁来决定哪些是真相？关于真相，我们要尽哪些社会道德义务？

我今年 57 岁，但可以只因自认为心理年龄是 30 岁就宣称自己 30 岁吗？这是事实吗？我认为不行。无论自我感觉如何，不按出生日期计算的年龄都不是实际年龄。要是急诊时跟医生说我 30 岁会出现什么后果？如果办驾照时我说自己 30 岁会出现什么后果？我 28 岁的儿子对此作何感想？

这个例子看似荒谬，但其实值得讨论。2018 年，69 岁的荷兰人埃米尔·拉特尔班德向荷兰一家法院提出申请，要求将出生日期从 1949 年 3 月 11 日改为 1969 年 3 月 11 日，理由是医生说他的身体年龄只有 40 多岁。拉特尔班德辩称，他"感觉"自己只有 49 岁，认为应修改法律，允许个人自行决定年龄。他说，自己想被"认定"为 49 岁，和其他人"更改姓名或性别"是一样的。法院予以回绝，指出"很多权利和义务都与年龄挂钩，如投票权和义务教育。若对拉特尔班德先生的申请予以批准，那么年龄要求便失去意义了"。正如我在上文所说，真相的基础为事实，而非感觉或信仰。

无论我是否想变年轻，或确实更年轻，我的年龄都无法改变，也不受我的感觉、信仰或意见影响。一厢情愿的主观想法不应常态化，变为可以接受的替代事实。如果拉特尔班德申请成功，想必会有很多荷兰人合法要求提高或降低年龄。但这与虚荣心无关，也不是有意为难法院。对于各种社会关系和契约来说，准确的时间顺序（如年龄、结婚或办理民事结合关系的日期、入籍日期、选民登记日期等）至关重要，有助于构建法律体系、发展医疗保健和监管国家基建等。对其随意更改会破坏法律和人际关系的规则，而信任也会被粉碎。

摒弃二元对立要仔细观察边缘地带的实际细微差别，尽量避免过度简化。这不应与忽略真相、自欺欺人的做法相混淆（自我感觉 49 岁和实际年龄 49 岁是两回事），也不能成为掩盖不利事实的借口。

本书举例说明人们刻意歪曲真相的不同方式，如白人至上主义者否认自己的 DNA 测试结果、阿片类药物生产商向全世界谎报信息而造成致命危害。此外，滥用美图软件来伪造约会网站资料或简历，影响他人的决策和行动并带来实际后果，这就是在歪曲真相。数以百万计的普通民众都在无意中散播不实信息。这种无视真相的猖狂行为可能会破坏人们之间的关系。无论想法是否改变，正式文件中不真实的自己会一直是个人和整个社会的组成部分。

———————

"个人所谓的真相"（即"后真相"）的另一种表现形式是选择自己最希望保留的部分现实。例如，越来越多的人通过脸书、照片墙和推特等各种社交平台来"策划"自己的故事。策划使真相脱离背景，也就是说，没有对事实进行全面真实的描述，不清楚事情的发展始末。

从定义来看，社交媒体就是一种策划，它既是艺术形式，也是操纵形式。但我关注的是，社交媒体的策划如何与道德决策相关联。具体来说，有选择地在社交媒体上分享信息怎么就歪曲了真相？

社交媒体为用户提供了向世界展现自我的平台，就像记录个人生活的博物馆。即使闪聊等软件上的帖子会在设定时间后自动销毁，这些个人生活片段还是会被人浏览。发布的内容可能是原图、修图或对事件的如实描述，但这并不是事实的全部。所以，我们不清楚如何拼凑这些信息碎片，也不明白这对我们的选择有何意义。

博物馆展现了背景如何有助于了解真相。为了进行道德选择，专业策展人需要将事实置于更广泛的现实中。例如，博物馆墙上的告示板会写明，展出的是毕加索"蓝色时期"的画作，灵感源于他在西班牙的生活经历，主要在1901年至1904年间创作于巴黎。此外，博物馆还会说明缺少哪些内容，例如毕加索在"玫瑰时期"的作品和立体主义风格的作品。博物馆有责任提供这些宝贵的背景信息。虽然无法穷尽这些信息，但享誉盛名的博物馆都深知哪些是有助于参观者理解艺术作品的关键信息，如艺术家的健康问题、战争或其他国际事件的经历、不同时期的情感状态，甚至是感情错综复杂等道德缺陷。

然而，社交媒体的策划很容易出现突变情况。我们生活和身份的点点滴滴被不断截取、选择和分享，引起连锁反应。我们永远不知道信息和对话最后被谁获取，或被如何曲解。雇主、大学招生办和搜索我们背景信息的任何人，都有可能凭借我们在网上发布的内容来决定是否雇用、录取，甚至公开谴责我们。即使是"阅后即焚"的照片和视频也具有难以磨灭的道德影响力。

其实，社交媒体能做到同时提供真相及其背景。一名专家从某些方面评论某一政治事件（如教授、民调人员或政治家）或艺术展览（如艺术家、画廊家、评论家或艺术史家）可能会选择和评论"背景化"的内容，通过提供与事实相关的背景信息和个人分析来表达自己的专业意见。而个人在社交媒体发布的某些内容也讲述了完整的故事，比如我的朋友分享了自己如何面对癌症的整个过程。但是，如果发帖人按自己的意愿有选择地分享，我们就无从得知完整的故事。我们获取不到"真正影响决策"的关键信息，例如只看到去夏威夷度假的朋友晒出阳光海滩和热带饮品的图片，却看不到雨天场景或者他结束假期后便丢了工作的现实状况。

此外，"个人所谓的真相"还体现在对个人"真实性"的日益关注上。许多首席执行官和励志演讲者都撰文讲述过如何在工作和生活中展现最"真实的自我"。但是，真实性的各个方面，如真诚、值得信赖、可靠、忠于自己以及个人的原则和信仰，都取决于真相——基于事实的自我评价与完整现实之间的纽带。要做到真实不是靠自说自话，而是需要进行道德决策和寻求他人意见。真实的生活发生在现实世界里，而不是发生在另一个平行宇宙中。否则，我们很快就会觉得自己活得不真实，与现实脱节了。

我们不能自创真相。2017年，小说家萨尔曼·鲁西迪爵士在接受我的采访时说，他曾在签售会上与一名听众起过争执，因为该听众并不认同全世界科学家对气候变化的看法。"这么说吧，"最后，鲁西迪对这名听众说，"地球不会因为你觉得它是平的就变成平的。而无论你相不相信，地球本身都是圆的。"正如鲁西迪所说，真相的存在无须我们同意。真相也不因我们对真实自我的主观看法而有所改变。

位于耶路撒冷的以色列犹太大屠杀纪念馆以时间顺序为主线设计展厅，带领参观者跟随历史的脚步悼念遇害者和救助者。我于2017年来到这座博物馆，被建筑师摩西·萨夫迪的设计深深震撼。博物馆的墙面由钢筋混凝土构成，外形为三棱柱体的三角形结构，中间变窄且向下倾斜，仿佛斜插入水面。同为三角棱状的长廊通道底部宽敞黑暗，延伸而上的三角形采光顶露出地面，让人产生沉重的窒息感和束缚感。沿路走完按历史事件发生顺序安排展品的历史长廊，身临其境的恐怖和绝望会将你层层包围。

伦敦维多利亚与艾尔伯特博物馆已故馆长马丁·罗斯曾告诉我："博物馆是让记忆永存的圣杯。"诺贝尔奖获得者埃利·威塞尔和马拉拉·优素福扎伊等悲剧亲历者警醒我们不要忘记过去，否则，大屠杀或针对求学穆斯林女性的报复袭击等恐怖事件很有可能会再次发生。

1986年，荣获诺贝尔奖的埃利·威塞尔在挪威奥斯陆发表获奖感言时说："我一直努力不让记忆消逝……与那些要抹杀记忆的人抗争，因为遗忘历史的我们会变成帮凶。"同样，从罗莎·帕克斯和马丁·路德·金到"# 我也是"运动的领导者，他们敢于挺身而出捍卫真相，呈现积极的道德行为，而我们应该牢记这些鼓舞人心的珍贵时刻。

被歪曲的真相会让记忆和历史失真。今天被歪曲的真相会成为明天被篡改的记忆，从而让历史失实。它将历史从智慧之源变为虚假事实的传播和突变因素。它会加剧其他因素对传染的影响，反过来又造成不良后果，例如导致否认气候变化、反犹太主义、否认大屠杀和伊斯兰恐惧症等现象出现。而这些虚假事实不断影响以事实为依据的决策，导致真相离我们越来越远。容忍真相被歪曲，实际上是接受失实的记忆和历史，无法呈现个人、机构和国家的真实面貌。

在界限模糊的边缘地带，我们应对的不再是视野受限的程度问题。当可替代的事实随处可见，我们实际上根本看不到过去、现在和未来。"被歪曲的真相是二元的"，这种观点或许会重新定义并毁灭人性。我们每天做的无数决策都在散播这种风险。我们甚至不知道哪些是未知的事情。无论是个人还是社会，我们都再也无法认清自己。被歪曲的真相破坏了我们的身份。

到最后，后真相世界里的我们再也无法弄清眼前的事情。这不仅仅是眼见不为实，更是失去了所有参照，如时间、地点、人物和决策。被歪曲的真相就像道德流沙，将我们完全吞噬。而问题不仅在于越想挣脱就陷得越深，还在于我们陷于危险却不自知。

同样，被歪曲的真相也会导致道德决策框架坍塌。因为我们无法如实评估风险和机会，利益攸关方的责任分配也变得不合理。再者，我们无法理解和管理其他五种驱动力，也就是说，不能判断哪些细微差别需要非二元思维的疑问和评估。越来越多的人在传播虚假事实，因此我们并不清楚权力分散的过程和方向。被歪曲的真相与助长传染的驱动力相互促进。被歪曲的真相使三大道德支柱摇摇欲坠，导致我们找不到模糊的界限。反之，由于技术发展正迅速改变现实，模糊的界限也导致我们更难弄清真相。

在后真相世界中，制定决策最重要的第一步是确立原则，尽管大家会自然而然地先开始搜集信息。大多数有效原则都取决于真相。无论是我给学生建议的原则还是美图公司或波音公司的原则，几乎所有原则都与真相有关（如诚实、正直、思想开放）。

判断一个原则是否有问题可以看个人和机构能不能坚守这个原则。如果不能，那就说明这个原则与事实脱节了。例如，即使是不以道德为核心的原则，如优步最初一心追求"增长和利润"，也取决于真相——要么做到增长和盈利，要么没做到。相比之下，优步早期秉持的"创造奇迹"原则就很难通过事实来判定。

思考信息层面时，特别要注意被歪曲的真相的特征，如无视科学或专家建议，用意见、感觉或信仰代替事实，缺乏背景，信息孤岛，以及源于个人编造或策划。不要依靠假设和直觉，若真相存在争议，就很难发现哪些信息不可靠。当无法确定事情是否属实，那实际上所有信息都不可靠。例如，雇主看到你的照片被修过便会对简历的其他内容也起疑心。

当被歪曲的真相导致原则或信息不可靠，则对利益攸关方和后果的评估也逐渐变得不可能。可以先考虑最相关的利益攸关方（如美图的用户及其朋友、同事、家人和应用开发商），然后分辨出其他利益攸关方（如工作招聘者、求职者、可能被影响或修订的劳动法、大学管理人员、为满足编辑头像需求而创立的图片编辑公司等）。同样的方法也可以用于评估后果，例如不仅要考虑对个人关系和工作的显著影响，还要考虑更广泛的后果，如人们对招聘中以貌取人的做法表现出更宽容的态度。

陷入这些困境时，情景测试法会有所帮助——发现虚假信息时，思考若信息属实，可能牵涉哪些利益攸关者并带来什么后果。例如，新添的事实会如何影响公开透明度和知情同意？如果了解波音公司应对安全问题，你还会乘坐波音飞机吗？如果知道新型冠状病毒会成为全球大流行病，你会更谨慎地保持社交距离吗？

被歪曲的真相一旦渗入框架就会影响到每个因素——原则若不以真相为基础就无法问责，从而难以判断信任度；失实信息会导致对利益攸关方和结果的看法有失偏颇；最后，我们无法预测自己对道德驱动力的评估能力。被歪曲的真相即使只对后果产生影响，之前的所有环节也会让人质疑。道德决策框架可以应对所有这些问题，但前提是必须以真相为基础。

在后真相世界里（或在任何历史时期）我们要如何捍卫真相？

首先，广开言路以捍卫事实。换句话说，我们个人对任何情况的看法都不全面。由于我们对事实的体会各不相同（如对温度的感受不同），因此打开思路的唯一方法是就不同问题集思广益。

　　普利策奖获得者、出版过总统传记的历史学家多丽丝·卡恩斯·古德温在其所著林肯的传记《对手的团队》中写道："为了阐明亚伯拉罕·林肯的个性和职业生涯，我不仅记述了他的个人生平，还描写了与他共同竞争 1860 年共和党总统提名的对手……"若能遇到为真相争论不休的对手挑战自己的观点，并分享他们的真实想法，那该多好啊！卡恩斯·古德温启发我们，捍卫真相的第一步是在生活中多听取他人的不同看法。

　　其次，我在提供咨询时常鼓励大家求助于有能力收集、分析和分享论据和经验的专家。这些专家都会遇到向自己提出不同见解的人，如同行评议的学术与专业期刊的编辑、事实核查员等。多亏有专家总结出重要事实和问题及其原因，并用通俗易懂的话向我们解释何为真相（并没有告诉我们要思考什么），之后再听取我们的观点。潜在用户需要知道新产品的功能、开发者，以及主要给个人、社会和人类带来哪些机会和风险（我们不需要知道基因编辑过程的详细信息，也不需要知道美图公司的工程师如何编写代码），还需要了解会在哪方面受到或不受法律的保护，换言之，哪里是边缘地带？

　　再次，不要假设事情非真即假（记住，边缘地带的道德规范并不是非分明）。若出现疑虑，牢记六种驱动力，运用框架来分析你认为真实的情况。然后，分析你认为的真相会如何传播。例如，如果你修过的照片被录入公安系统的面部识别数据库，可能导致被误抓，那该怎么办？

千万不要因为边缘地带的情况过于复杂就歪曲真相。无论是民粹主义、机器人还是气候变化，这些复杂问题都得运用框架来解决。没有任何理由提出另类事实。尽可能诚实面对模糊不清和未知的事情并不断努力拨开迷雾，重新审视真相。

不要将共识和真相混为一谈。社会发展面临的最大挑战通常不是依靠共识克服的，如消除歧视和不公正现象，激励公司增加算法的透明度。同样，事实也不需要依靠共识。

此外，不要指望真相唾手可得。正如前美国副总统阿尔·戈尔主演的里程碑式电影《难以忽视的真相》所示，我们做出道德决策所依赖的事实并不总是那么轻易就能被发现或面对。同样，瑞典统计学家汉斯·罗斯林也在著作《事实》中告诉我们，被忽略的事实如何误导人们产生忧虑情绪，或者从道德决策的角度来说，如何错失机会且引发不可控的风险。

记住，如何利用真相，这本身就是个道德问题。我们不能容忍真相被武器化。黑客以道德的名义非法泄露个人、公职官员或政府的真实机密信息属于非法行为。通过泄露个人信息将真相武器化可能会成为具有高度传染性的个人行为，例如散布亲密照片的"色情报复"行为，尽管内容属实，但当事人却从未打算公开分享这些照片。不能因为某件事情真的发生过就认为将它公之于众是符合道德规范的正确做法。

不要混淆想象力和不实之词。被歪曲的真相会抑制想象力，摧毁梦想，阻碍创新和共情。逐渐形成促进人类发展的真相，梦想和想象力是关键所在。而要看清真相，最好能从别人的角度出发，无论是现实的还是虚构的，也无论是人类的还是机器人的。有多少人因为一部伟大的电影或一本引人入胜的小说改变了对个人关系和生活状况的看法？

最后，捍卫真相。如果没了真相，我们就难以做出道德决策。事实的确如此。我们改变个人和集体历史所造成的后果将是所有人永远都无法摆脱的。

# 第七章
# 当机立断的道德决策

　　许多人都遇到过，年长的亲戚开车时的反应能力较以往有所下降，要么是在停车场剐蹭到车，要么是在途中迷路了。只要他们开车，你就觉得很不自在。而当他们确实不再适合开车时，你会担心很难说服他们交出代表独立和个人自由的车钥匙。因为有了车，他们就能随意拜访镇上的朋友、出门购物或上教堂。车是他们生活中不可或缺的一部分。可是，就真的要急着拿走车钥匙，不让他们开车吗？

　　我们常常需要快速做出符合道德规范的决策，换句话说就是"当机立断的道德决策"。本章主要阐述如何运用前六章提及的方法快速分清主次。

　　就像急诊室的分诊方法一样，"当机立断的道德决策"可以帮你迅速找到最关键的道德问题。尤其是时间有限、无须其他信息或利益攸关方的意见、结果可想而知，或不是在帮别人做决策时，这种"当机立断"的方法非常有效。

　　相比之下，有些问题的解决就不能操之过急。比如需要更多信息，以便运用决策框架或抵御其他因素影响（尤其是传染）的问题，不应该草率处理；造成的影响会逐渐变大（甚至无法预测）的决策，也需要从长计议，如直销基因检测工具。此外，若有可能对不知情的人带来严重后果，也要三思而后行，先考虑清楚自己这么做的影响和责任所在。

可以快速解决的问题并非不重要。或许与直觉相反，但波音公司应该当机立断，决定是否停飞故障飞机，因为这个决策十分关键，涉及很多人的生命安全，而且做出这一道德决策并不需要更多的信息支撑。

我这么说不是建议你在做道德决策时走捷径，也不代表当机立断总是最省时省力或直截了当的做法。这种情况下，你还是得承担责任并考虑对自己和他人会造成什么影响。不过，在运用决策框架和考虑道德驱动力时，"当机立断"的方法可以帮助你提高决策效率。

我将这种方法称为"2 × 4"法：

◇ 选择两条最重要的原则；

◇ 选择两种最重要且无法弥补的后果；

◇ 选择两种最重要的驱动力；

◇ 选择两套备选方案。

这种简便的方法适用于很多问题，例如你可以至少列出一条最重要的原则、一种最严重的后果（如危及生命）。针对上述每一点找出两个答案，相当于给自己更多余地来检验决策。那六种驱动力虽然也适用于所有问题，但并非每一种都同样重要。很多时候，其中一种或两种驱动力的影响更加突出。最后，遇到任何问题都需要准备替代方案，即采取曲线救国的方法。

本章将深入探讨在日常生活中屡见不鲜的道德问题，如该不该阻止年事已高的亲戚开车？要不要在社交媒体上发布子女的照片？如何看待反疫苗运动？该不该为被欺负的同事打抱不平？不同意老板的做法时该怎么办？该不该告诉客人家里的智能助手可能在"听"我们说话？

我通常会根据具体情景，从"安全、尊重、真相、勇气、责任、隐私和不妄加评论"这些原则中挑选。此外，目的不同，组合原则也不同。例如，运用决策框架和驱动力要选择"真相""责任"和"不妄加评论"，为保护公民要选择"安全"和"隐私"，而为捍卫人性则要选择"尊重"和"勇气"。

我们会用选定的一套原则来处理所有问题。不过，正如前面的事例所示，在不同情况下，优先考虑的原则也不尽相同。

这些情况迥然不同，解决方案通常也没有绝对"符合"或"不符合道德规范"。建议你根据自己的原则、观点和情况来思考和回应。如果你还没能确定5—8条原则，那么以下例子或许能为你提供帮助。

你可以把我的想法作为参照，对比自己在具体情况下的观点。但要说明一点，我的回答并无意干涉他人的决策。

这种方法还能让你在工作场合、晚餐时刻与孩子和亲戚讨论道德问题，或在进行消费选择时更加自信。最重要的是，当机立断的方法会提高你对更多道德决策的掌控力。

万事开头难，但只要多加练习，自然可以得心应手。

## 当机立断场景一
## 我该不该阻止年事已高的亲戚开车？

这种情况之所以可以当机立断，是因为你已经掌握了足够信息。比如，没必要继续了解老年人车祸率的统计数据，因为重要的不是平均数，而是要降低对驾驶者和他人的伤害。

同样，我们也已经知道，利益攸关方是司机及其家人和朋友，还可能影响到同行的其他人。我们不需要知道他们姓甚名谁，也不需要了解他们的任何信息，就能快速做出符合道德规范的决策。因为我们难以接受任何利益攸关方受到伤害或生命威胁。

首先，选择最重要的两个原则。在这种情况下，我会选择"安全"和"尊重"，因为安全第一。许多其他原则可能也适用，如勇气、责任、如实面对风险、不妄加评论。

接着，确定最严重的两种后果。先思考："哪些后果最重要且无法弥补？如果你不加以阻止，会不会产生你难以接受的后果？"在这个例子中，考虑到以"安全"和"尊重"为原则，我最担心对驾驶者和其他无辜人士的伤害，其次是可能有损驾驶者的家庭关系、身心健康、与家人朋友的往来和正常生活状态。

然后，选择两种最重要的驱动力。我会先选择"三大支柱"，尤其是知情同意，然后选择"传染"和"突变"。

与处于边缘地带的技术领域不同，这个案例中的知情同意并不会逐渐受损，因为你和驾驶者都掌握了所需信息。然而，此处寻求知情同意的难点在于，这意味着要求驾驶者放弃自由，接受年龄限制，并交出部分掌控力。让驾驶者谨记风险和责任，至少可以确保他们意识到，随着年岁增长，风险也逐渐加大。而提醒他们多为别人着想，有助于转变他们的观念，例如路上还会有人推着婴儿车、骑自行车或戴着耳机跑步。

第二种驱动力是"传染"和"突变"，指容忍潜在有害行为（这是不严格遵守规范和拒绝面对真相）和驾驶者或你自己的私心（他们一心想保有独立驾驶的能力，而你是想逃避这个难以启齿的话题或剥夺他们的自由）。助长传染的这些驱动力都有可能鼓励冒险行为。

不过，传染和突变在这种情况下也有积极的一面。驾驶者的最大年龄限制开始受到关注，大家很快对此习以为常。由于年纪大不适合开车，这已不再是让人倍感失落的羞耻之事，而只是到了某个年龄的自然状态罢了，就好比美国大多数州都允许年满 16 岁的人考取驾照。我们甚至可能引发积极的突变，例如共享汽车公司为老年乘客提供特殊安排和用车服务（降低费率、增加援助、便捷软件使用），以及提高无人驾驶汽车的使用频率和质量。

最后，选择替代方案。如果驾驶者不同意，还可以采取什么办法？他们可能同意不在夜间或高峰期开车，并避开容易发生事故的危险和拥挤地区。这种渐进办法虽然不能保障驾驶者或其他人的绝对安全，但是可以帮助降低风险。驾驶者逐渐减少驾驶次数，愿意尝试其他出行方式。也就是说，通过回答"什么时候，在什么情况下"来达到最终目标。

大多数老年驾驶者无意生事，但不管最终造成什么伤害都得由他们自己承担责任。你的决策是，你对安全的担心和优先考虑是否意味着你出于尊重而未经同意就拿走车钥匙。尽管我们没有尊重他们的意愿，但坐视一个老人在无意伤害别人后抱憾余生，这样的情况更糟。

我发现这会让家庭关系变僵。如果你运用"2 × 4"法来仔细思考过这个做法，但仍发现尊重亲人的独立性或其他原则比安全原则更重要，那么你已经根据自己所处的情况尽力而为了。道德责任分配与良好意图无关，尤其是当我们能够做得更好时。我们既要对具体后果负责，也要对监测情况和逐步调整决策负责。

### 当机立断场景二
### 在社交媒体上发布孩子的照片要考虑哪些道德因素？

通过社交媒体与亲朋好友实时分享孩子迈出第一步、上学第一天、毕业舞会上的照片可能是再自然不过的事情。但是，对于其中重要的利益攸关方（即我们的孩子）来说，这种做法还涉及很多道德方面的考虑因素。在美国等几个主要国家，大约81%的两岁以下儿童的照片被传到网上，其中1/4的儿童在出生前就已经被发布了自己的超声波照片。这种越来越常见的做法，如今被称"晒娃"。

很多发布孩子动态和照片的父母都具备道德意识，他们本身并不是"2 x 4"法的评判对象。之所以使用这个方法，是想提醒大家，暴露孩子信息可能会造成意想不到的严重后果。我们无法预测现在或将来会有人如何使用孩子的照片。美国皮尤研究中心的调查发现，2018 年，超过一半的美国青少年在网上遭到欺凌和骚扰。犯罪分子可以通过社交媒体骗取或获得孩子的信任。而且，我们在直销的基因检测工具事例中也看到，社交媒体公司的缺点会日益显现，政策也在不断变化。尽管事发后我们会立即指责企业还没等评估和处理好道德问题就先将新技术投放市场，但我们通常也会不假思索地交出手中的权力和责任。即便不是非用不可，我们有时也会点击"我同意"的选项。无所不在的社交媒体对个人和社会的影响巨大，作为使用者，我们必须思考其中涉及的道德问题，尤其是关乎家庭的问题。

这种情况可以采用当机立断的方法，因为你已经掌握了足够的信息。你已经了解，尽管脸书、照片墙、推特、闪聊等平台可以增进用户沟通，但也存在很多问题，如可信度、隐私风险和无法控制分享过的内容，更别说会出现编造的内容。你也清楚，眼前和潜在的利益攸关方包括黑客、被误导的亲朋好友，甚至大学和雇主。

要运用"2×4"法来分析这个例子，我会选择"安全"和"尊重"（尤其是对孩子身份的尊重）作为主导原则。第三条是"隐私"，但我认为"尊重"也涉及隐私以及父母对待孩子的方式。

其次，我以"在网上公布个人信息意义何在"这个问题为核心，选出了两个最重要的后果。

第一，公布于网上的身份信息具有不可预测性和永久性。即使删除照片，你也并不知道这些照片是否或有多少次被复制、修改和重新分配给未知的接收者，或者公司对这些数据做了什么。无论照片是在网上还是在浏览者的记忆或设备中，孩子可能永远都无法删除照片或不让它们公之于众。就算要求社交媒体公司删除这些信息可能也徒劳无功，特别是（其实也情有可原）对于自愿发布的、不违反平台服务条款的图片（一些平台的服务条款针对的是欺凌、骚扰、仇恨言论和侵犯知识产权等情况，但可能没有规定说明我们能要求删除当初自己自愿发布的不当照片，而这些照片可能会出现在我们意想不到的地方）。

第二，父母或许也得思考，"晒娃"将来会对亲子关系带来什么影响。我们无法预测孩子长大后看到这些动态和照片会作何反应。我有许多18—22岁的学生说，他们十分惊讶于越来越多的父母在社交媒体上发布孩子的照片，甚至是出生前的超声波图像，因此提出要在课堂上认真讨论这个话题。

遇到这种情况，或许可以进行换位思考：假设是孩子或他们的朋友擅自把我们的照片发到网上，我们又作何感想？另外，有些人的晒娃照片里还包括其他孩子（例如生日聚会合照），但没有征求对方父母同意。我认为这并不符合道德要求。我不希望别人擅自将我孩子的照片公布到网上，因此我也不会如此对待其他孩子（若是我确实想分享照片，一切后果由我承担）。

接着，我选择的两种最重要的驱动力是"传染"和"分散的权力"。考虑到后续情况有可能逐渐失控，传染可能变成最强大的驱动力。尤其是，很多传染和突变的驱动因素都可能参与其中，导致传染的风险特别高，包括不遵守规范、傲慢、嫉妒、压力、信息孤岛、透明度不足，以及与社交媒体有关的新技术发展。而"分散的权力"则让父母更有可能发布照片，导致照片更容易被无端复制和传播。这样一来，任何人都能更轻易获取和利用你孩子的信息。

除了直接发布照片，你还可以选择其他方式，比如只在加密平台上分享，根据信任程度设置部分人可见；通过电子邮件发送；甚至拷在硬盘里寄给家人。为了安全起见，你还可以选择不发某些照片，如可能暴露孩子位置、学校、课后活动、宗教信仰或参加服务的地方的图片。此外，第三种做法是，根据孩子的年龄，逐步引导他们接触社交媒体。孩子懂事后，你可以跟他商量是否发照片。记得提醒他想清楚"我是否要展现这样的自己"。

鉴于我从事的道德咨询工作性质，以及注重对学生和朋友的信息保密，我的个人选择偏好对很多人来说或许过于极端。为避免风险，我从来不会在社交媒体上分享照片，也不会在推特等平台针对广受关注的道德问题发表言论。不过，我有幸能有其他选择。对于世界上很多人来说，社交媒体平台可能是他们通过网络与远方亲朋好友的唯一沟通途径。在这种情况下，其他原则可能与"安全"和"尊重"有冲突，例如优先维护家庭关系。

社交媒体公司、公共机构、教育工作者、执法部门，甚至儿科医生，都可以更主动地提醒发布孩子照片的潜在风险。但是，父母也可以通过其他分享方式来避免出现伤害。

### 当机立断情景三
### 父母拒绝让孩子接种预防麻疹等疾病的疫苗时存在哪些伦理问题？

虽然我们不会对健康相关问题急于做决策，但在这种情况下，只需多了解一点关于疫苗接种的信息就能做出符合道德规范的决策。换句话说，我们不应该自以为已掌握足够有说服力的事实，也不需要成为医学专家。虽然我们能立刻进行道德分析，但仍应该联系医生、口碑好的健康服务热线或其他可靠的咨询渠道，以便了解相关的确切信息。不要偏信朋友、宗教领袖、名人、社交媒体平台、不熟悉的网站（即使出现在谷歌搜索结果的靠前位置）、未经认可的非营利组织或任何未经证实的新闻报道。这就好比，你不会向医生寻求精神指导或让记者解决管道问题。

一旦涉及疫苗接种，便有很多不实信息迅速传播。很多人拒绝接种疫苗的理由往往缺乏科学依据。有些人认为接种疫苗有悖于其宗教信仰。有影响力的名人公开表示怀疑疫苗的安全有效性，但他们并不具备专业的科学知识。还有些父母凭空认为，只要饮食起居健康，孩子就不会患病。

　　所幸，除了咨询医生，我们很容易就能在网上搜到可靠来源，如美国疾病控制和预防中心、妙佑医疗国际、美国医学会和世界卫生组织等，自行查询有科学依据的信息。不出几分钟，你就能了解到在 1963 年发明麻疹疫苗之前，每年估计有 300 万—400 万美国人被感染，多达 500 人因此身亡。到了 2019 年，美国出现 1282 例麻疹病例（1992 年以来的最高值），住院人数为 128 人。美国疾病控制和预防中心指出："大多数患者都未接种麻疹疫苗。"如今，尽管因麻疹致死在美国相对罕见，但这种疾病会引起耳部和眼部感染、肺炎和脑炎（大脑肿胀）等并发症。

　　美国疾病控制和预防中心将麻疹描述为"具有高度传染性的病毒"，感染者有可能通过咳嗽、打喷嚏或接触的方式将病毒传给他人。但多亏了疫苗接种计划，2000 年，美国宣布已消除麻疹。若孩子接种两剂推荐使用的麻疹、流行性腮腺炎和风疹三合一疫苗（第 1 剂在 12—15 个月之间，第 2 剂在 4—6 岁之间），避免感染麻疹的概率约为 97%。还有些父母认为，这种疫苗虽能预防孩子患上麻疹，但可能增加他们患自闭症的风险。但医学专家已驳斥了这一说法（极少数患有某些疾病的儿童会因接种疫苗而出现并发症；在这些情况下，父母根据医疗专家的建议可以对接种疫苗持保留意见，但这不属于我想在此讨论的情况）。

　　无论你是在为孩子做选择还是想给出自己的看法，都可以运用"2 × 4"法来分析这个道德问题。我会选择以孩子和他人的"生命和安全"与"真相"（尤其是基于证据的科学）为原则。第三个选择是"责任"。许多人的原则可能是"个人自由"或"宗教自由"，所以他们会认为强迫父母同意子女接种疫苗有违这些原则。但是，这个例子涉及的"自由"问题复杂。我们谈论的是父母一意孤行会影响到他人的生命安全，首先是孩子（因为未成年人不具有知情同意的民事行为能力），其次是可能会被孩子感染的人（他们无法给予知情同意，因为他们不可能预知自己会被感染）。

我虽然非常尊重独立、个人自由以及多元文化和宗教传统，但还是更注重生命安全，以及会威胁生命的虚假信息。2019 年，世界卫生组织将"疫苗犹豫"（拒绝接种疫苗或犹豫要不要接种）称为"全球健康的十大威胁"之一，与艾滋病病毒、埃博拉病毒、空气污染和气候变化并列。一旦决策错了，将会带来无法弥补的严重后果。要营造开放、安全的社会环境，就必须处理好公共安全问题。

接着，要考虑到很多潜在后果，但与孩子患重疾甚至死亡或感染他人相比，其他后果都微不足道。许多选择不让孩子接种疫苗的父母，其实也是为了孩子好。但无论出于好意还是坚持信念，都不能避免伤害的发生或否定科学依据，也不能免除我们对决策所造成的影响的道德责任，尤其是当孩子或他人因此身亡或患上重疾时。

在这种情况下，我认为最关键的驱动力是"不实信息的传染"，因为这散播了不实信息、想法和行为，导致有人因此患病或丧命，同时也让人误以为每个人都只需为自己负责，设计自己的人生。道德问题的传染与疾病本身的传染密不可分。第二种驱动力是分散的权力，那些从未想过随意枪杀他人或故意酒驾伤人的父母可能确实会因为拒绝让孩子接种疫苗而对孩子或他人造成致命伤害。

除了接种疫苗，还有其他办法吗？在这种情况下，别无选择。根据医学证据，若接种，孩子就能避免感染；而不接种，孩子及其接触者都有患病的风险（同样，医学专家判定接种疫苗有损孩子健康的罕见情况除外）。

拒绝接种疫苗会引起健康风险和道德问题，为了避免造成伤害，我们向同事、家人、朋友和网民传播以事实为依据的科学知识，驳斥谣言，从而抑制不实信息的传染。此外，我们还可以提倡实施保护性法律，例如，可以敦促立法者和社区负责人禁止未接种疫苗的儿童进入公园和餐馆等公共场所。或者，以尊重为前提讨论这个问题后，我们可以拒绝在家中接待未接种疫苗的儿童及其家人。不幸的是，当社会被迫实施保护措施时，未接种疫苗的儿童要再次付出代价。


**当机立断场景四**

**如果看到男老板骚扰或欺负资历较浅的女同事，我应该怎么做？**


你在公司接受好几层上级的领导，你发现其中一名经理的做法让人不适。在员工会议上，他公然无视一名举手提问的女同事。好不容易有其他主管邀请该女同事发言，这名经理却三番四次打断她，大声盖过她的发言。一周后，你无意中听到这名经理站在该女同事办公桌前破口大骂。你发现，他的这种待人模式有律可循，仿佛节奏平稳的鼓点，比如发邮件时经常"不小心"漏掉该女同事，没有让她参加有关的客户会议，以及不断在员工会议上打击她。然而，当你问起该女同事，她却表示否认，说经理从未在她的绩效评估中提过意见，也没有指出具体哪里需要改进，所以她不想自找麻烦。

你就是个旁观者，只见证了事情发生的经过，并没有牵扯其中。作为旁观者，你必须决定要不要揭发此事。本例中的欺凌行为，以及性骚扰和性侵犯等不当行为的可悲之处在于，它们的影响远不仅限于施害者或受害者。旁观者和很多不知情人士也会受到间接影响。

这种问题可以立即处理，因为你知道这是越轨行为（二元问题），可以确定关键的利益攸关方（你的同事、经理、公司，以及你和其他旁观者）。你有足够的理由来质疑，无须借助额外信息。其他做法中唯一有用的是，咨询公司关于旁观者责任的政策（如果有的话，通常可以在公司官网或内网找到）。看看该政策有没有说明以下问题，比如该如何干预、是否一定要干预（如果不这样做，是否会受处分），以及一旦干预，你是否会受到保护而免遭报复？该政策能否帮助你辨别哪些是欺凌、骚扰或性方面的不当行为？（我建议企业组织在其政策中明确规定旁观者的责任和保护措施，惩罚欺凌或骚扰的同时也惩罚报复行为。）

作为一名道德顾问，我发现所有组织，无论其类型和规模，甚至是经营最成功的企业，都会出现欺凌和骚扰现象。我常见到同时针对性别和资历的欺凌行为和不当性行为。不管哪种情况都要思考旁观者在看到不可接受的行为时该做些什么。但是，每种情况的处理方法都截然不同，主要取决于公司环境、政策、关系以及旁观者的就业和个人情况。

欺凌行为通常有程度轻重之分，轻则常见的戏谑打趣，重则带有性别或种族色彩的越轨行为。欺凌的主要特征是反复针对个人或特定群体。很多行为都属于欺凌行为，如妨碍他人工作（如刻意保留信息）、公然冒犯或攻击。而最棘手的情况往往介于这两个极端之间，如行为人欺凌他人时并没有明确违反公司的反欺凌政策，还规避了可能违反其他政策的种族歧视或性别问题。不过，就算不是道德专家也知道，无论如何分类，上述例子中的行为明显令人无法接受的。

在这种情况下，身为旁观者的我可能会将"安全"和"尊重"作为首要原则。如果同事的安全（或利益）岌岌可危，特别是如果我认为这种行为可能会变本加厉，我可能考虑赶快干预。此外，我自身的安全（和利益）也很重要。若是威胁到自身安全，我们通常必须干预，尤其因为在这种情况下我们永远不可能掌握所有相关信息，那也许会在不知不觉中害人害己（例如你在公园里看到有个年轻人被打，那人的人身安全的保障就特别重要。你的直接干预不仅可能导致自己受伤，还可能进一步伤及被害人）。

最严重的两个潜在后果是有害行为的持续进行或变本加厉，以及对你或同事实施的报复行为。如果不对肇事者进行调查或制止，同事会继续受苦；无良经理会毫不畏惧地实施欺凌（对该同事或其他雇员，即行为的"模式"和"惯例"）；其他人可能开始对经理的做法习以为常，甚至通过效仿来讨好他。另一个后果可能是遭到被控经理或其支持者的报复。其他后果还包括与同事发生冲突（也许她认为你不尊重她的隐私）、情绪受扰，以及在没有根除欺凌行为的组织中陷入信任危机。

此处，我会选择的两种驱动力是"摇摇欲坠的三大支柱"和"传染"。我没有未经同事许可就替她打抱不平。实际上，她显然不同意我这么做。和其他情况一样，关键在于具体问题具体分析。或许她会同意我向公司以外的律师征求意见，或者只揭露部分不当行为。但是，如果你个人受到该经理行为的干扰，例如他的行为让你和其他员工感到不适，或影响了团队工作能力，那么对知情同意就会有不同的评估。这样，你可能会考虑举报经理的行为对你的影响，或与其他人联合举报。

从传染的角度来看，除了案例中明显的反复欺凌行为，或许还可以思考该情况下的有罪不罚、瞒而不报和滥用权力会如何导致更多的传染和突变情况。

在评估替代方案时，我们需要区分不可接受的行为的二元性，以及你的反应的非二元性。你有机会将"要么干预，要么不干预"的困境转化为非二元选择。如果这种不当行为继续出现，你可以再次与同事沟通，了解她对此有何感想以

及为什么不想举报，也就是试图站在她的角度思考问题。你
可以向公司的人力资源经理、总法律顾问办公室或监察员服
务机构等会为你保密的人员或部门寻求建议，还可以通过匿
名调查或举报程序（如果公司设立的话）举报，或咨询外部
律师或会保密的专家。根据情况，你也可以向自己的上司或
你信任的公司高层汇报，不过需确认他们能保密。如果这些
替代方案都不合适，你还能以其他方式来表示理解和支持，
继续留意事态发展，在同事需要的时候随时伸出援手。

我们都不想帮倒忙，因此必须思考会导致哪些实际和不
必要的潜在后果。但我不得不承认，其实并没有万全之策，
而且对免遭报复的承诺要依具体组织和具体情况来定。

旁观者视角可能出现在电影院、大街、健身房等任何地
方，会涉及各种行为，如肢体暴力、攻击性辱骂、令人不悦
的唠叨。不管身处何处或何种关系中，有些情况需要立即采
取行动，比如若有人遭到人身威胁，应该立刻报警。除了极
少数情况，我并不认为我们有舍己为人的道德义务，这甚至
可能无意中增加危险，尤其当我们在不了解真实情况时就妄
加干涉。

作为公司员工，你自然是这个组织里的利益攸关方，比
起遇到事故时报警，举报不当行为带来的后果对你产生的影
响会更持久。在工作中，你与当事人之间存在某种联系（即
使不是直接联系）；你必须遵守公司的规章制度和道德准则；
你个人更可能受到该行为的影响（即使只是目睹）；你应该
受到保护以免遭遇报复。

## 当机立断场景五
## 如果不同意公司的做法，我是否应采取行动？

2019 年 9 月 20 日星期五，世界各地有数百万人参加了国际抗议运动"全球气候罢工"，目的是加强环境保护。活动开始前，亚马逊、谷歌、微软和脸书等企业的技术部门工作人员号召同事停下工作，一起参与抗议活动。一个名为"亚马逊气候正义员工"的组织收到了来自 14 个国家的 1800 多名亚马逊员工的承诺书，同意"走出去"参加游行。根据美国有线电视新闻网的报道，活动当天，仅在西雅图就有 3000 名亚马逊员工走上了街头。该组织在自己的推特账号上写道："我们希望亚马逊承诺到 2030 年实现零排放，并率先在受污染影响最严重的社区推出电动汽车试点项目。我们应该成为实现零排放的领导者，而不是争赶末班车。"

就在活动前一天，亚马逊首席执行官杰夫·贝索斯宣布了新的《气候承诺》倡议以回应此次抗议活动，承诺到 2030 年前，亚马逊将 100% 使用可再生能源，并于 2040 年实现"净零碳排放"，比《巴黎气候协定》设定的目标提前 10 年（2020 年 2 月，他还宣布个人向应对气候变化的"贝索斯地球基金"投入 100 亿美元）。不过，贝索斯也表示亚马逊会继续为石油和天然气行业提供云计算服务，该公司员工对此决策提出抗议。

如果像亚马逊员工那样不同意公司的决策，你的反应可能大有不同，比如置之不理、发文控诉、参加游行、与上司沟通、放弃工作机会，甚至辞职。但你通常不需要额外的信息来做决策，而且你已经大致了解谁是利益攸关方。因此，你可以立即对这个重要问题做出判断。

在这种情况下，真相和尊重是最重要的两个原则。你最关心的可能是公司是否如实告知目前的行动内容、原因及其影响。你可能还关心公司领导是否尊重你的言论自由权。反过来，你的回应也必须表现出尊重并经过审慎的考虑，适合工作场合，遵守保密义务，同时保持对工作的专注。

思考如何协调你的个人原则与工作场所原则。这些原则或许无法达到完全一致，也无须完全一致。但权衡好它们之间的差异并听取不同观点，做到兼听则明，是你做出道德决策和社会贡献的关键所在。或许，公司的决策和行动让你一开始就反感到不愿为之效劳，正如越来越多的利益攸关方（个人和大型机构等）拒绝投资烟草、枪支和化石燃料等行业的公司。

这主要造成两大后果。就个人利益而言，你的决策对就业影响很大，如导致你被解雇或辞职，或承受公司政策的影响。只有你能判断哪些因素会产生可以接受或不能接受的后果，例如稳定的收入、其他工作机会以及照顾责任等因素。第二，要始终注意个人决策会带来哪些影响，如该行动是否有助于解决问题？能增强大家的意识并获得管理层的倾听和关注，这已经算收效良好了。你不必通过博客文章来改变公司的客户群，但要确保自己的目标具有建设性、可实现且能发挥积极的道德传染作用。

在我看来，最重要的驱动力是"摇摇欲坠的三大支柱"。你的雇主不必完全按照你的意愿来做出每个决策，也不一定要对所有事情的信息都毫无保留。但我认为，若涉及重大道德问题，员工应要求企业适当公布信息，毕竟这会影响到企业、社区和员工对工作场所做出的决策，如上述亚马逊公司对环境的影响。适当的透明度指的是员工可以了解诸如正在开发的产品、收入来源、客户群、地理范围、董事会的正式决策等基本情况，当然还包括预期行为、工作场所要求和道德规范（包括环境可持续性）的政策。但这并不表示要在早期阶段向所有员工透露机密的战略措施，或机密的管理层或董事会事项。

"亚马逊会致力于服务能源公司。我们是在努力确保这些公司能以最佳方式转型，"杰夫·贝索斯说，"让石油和能源公司以糟糕的方式转型不是个好主意，我们不会这样做。"在这种情况下，员工足够了解公司的立场，从而形成自己的观点。

职场的不同声音也体现了权力的分散。越来越多的员工正通过表达想法、付诸行动和工作决策来参与道德事务。2019年9月，"亚马逊气候正义员工"组织发表声明指出，贝索斯在抗议活动前一天宣布《气候承诺》，这"证明了集体行动和员工的施压起作用了"。

寻找替代方案或许得先确定你与自己觉得难以接受的特定情况有何关系。先问问自己："这个问题和我有什么关系？"你是处于核心地位还是起草或执行化石燃料合同或政策？对你来说，你工作与问题的密切程度重要吗？你是否可以选择不参与这一特定事务或被重新分配到公司的其他项目或职位？你是否期望公司做出比你个人意愿更多的努力？在这个例子中，亚马逊员工可以思考自己要是开车上班或坐飞机出差使用化石燃料该怎么办？

你的公司是否听取建议并朝着正确的方向发展？你是否以解决问题的心态来表达意见？如果你想帮助改善环境，但又不希望在职场谈论公司的环境政策，那可以在生活中积极寻找平衡，如以自行车代替汽车、减少食物浪费或尽量不使用塑料制品。

请你在做决策时牢记，并不存在完美的公司或领导人。如果与我们的原则发生冲突，我们也不能期望每家公司都能立即做出改变。雇主是代表许多利益攸关方做决策。大多数情况都需要在尊重言论自由和奋起反抗之间取得平衡。我们可以在思考哪些问题对原则来说确实至关重要的同时认可公司做得好的地方（然而，当出现混淆黑白的情况，如公司容忍不当性行为或严重侵犯人权，再多的积极努力也无法为不可接受的行为开脱）。

最后，公司应该以非二元的方式应对敏感问题，如主动询问员工如何改善某个项目的道德规范，或如何以符合道德规范的方式实现某个特定目标，这是一种比"做还是不做"更注重解决问题的方法。若及早征求员工意见，公司便能为开展更有建设性且没那么极端的反应式互动铺平道路。公司或许可以决定不向那些疏于开发替代燃料或不参与气候变化活动的企业客户出售产品和服务或不与其开展合作，还可以在销售合同中具体要求企业客户做出哪些环境承诺和采取哪些措施。

**当机立断场景六**
**你是否应告诉客人 Alexa 处于开启状态？**

世界各地每天都有人会"唤醒"他们的智能音箱。他们向数字语音助手发出指令要求播放音乐、查阅日程、查询食谱等，这些设备现在已经无处不在。2019 年，全球共售出约 1.47 亿台智能音箱；平均每 4 个美国人中就有 1 人家庭平均拥有 2.6 台设备。但不是每个人都对此感到满意。我在这里主要探讨亚马逊的 Alexa，但了解到的内容与市场上许多品牌和不同版本的数字助手有关。

这个难题可以直接做出决断。你知道谁是利益攸关方（你、客人及其家人、他们可能谈及的任何人、亚马逊公司、通过 Alexa 打电话的接听者，以及 Alexa）。但利益攸关方会越来越多，可能包括亚马逊或其可能收购的公司、通过云计算连接或能接触到产品的亚马逊员工和承包商。如果你下榻的酒店房间里有 Alexa，甚至酒店及其员工也是利益攸关方。而且根据第四章中提到的报告，警方已经获得了法院批准的录音许可，因此执法部门和法院也可能成为利益攸关方。

你不需要了解更多信息也能知道，隐瞒家里设备可能录音会造成某些后果。部分州法律禁止在未经同意的情况下录制谈话内容（无论是用老式录音机还是用智能手机）；有些法律规定了非法录音在执法过程中的使用；而且普通用户很难了解到谁拥有或可以访问这些数据，以及数据的存储位置。如果你不会使用旧方法录下别人的话，那也不该让智能音箱这么做。但抛开法律规定不谈，这种情况并不是只有在法律指导下才能做出正确的道德选择。

至于最重要的两个原则，我会选择"真相"和"隐私"或"尊重"。到访的朋友和客人理所当然希望自己的谈话不会外传，如果是说长道短也许保密不了，但肯定不能用设备录制保存下来。你如果不告诉他们，那就是没说实话，没有尊重这份交情或他们的隐私。

那两个最重要的后果是什么呢？的确，对于遭受各种身心考验（如移动、取物和沟通障碍）的人来说，让 Alexa 保持开启状态或许能解决燃眉之急。例如，手术后动弹不得的同事跟我说，她能用智能设备语音激活、免提通话和发送信息。Alexa 协助用户处理的很多日常问题可能并不攸关生死，但在客人不知情和不同意的情况下录音有可能严重破坏彼此间的信任感。

此外，我们无法预知用户数据会被如何利用。亚马逊的服务条款指出，亚马逊在云端处理和保留你与 Alexa 的互动，如语音输入、音乐播放列表，以及 Alexa 待办事项和购物清单。我们不知道亚马逊如何使用用户数据，以及其服务条款可能发生哪些变化。

更广泛的后果可能是，我们在不知不觉中违反了自己的原则。

我认为，"摇摇欲坠的三大支柱"是最重要的驱动力之一，特别是知情同意。要获得同意，需要你如实告知客人并特地请求同意。这份责任在于我们自己，而不在于亚马逊、法律部门或我们的客人。模糊的界限也起到一定作用。我们通常不与物体交流，也不会向其寻求建议。随着时间的推移，我们与智能助手的关系会发生什么改变？其中部分责任在于公司和监管机构，同时也要看我们自己不断变化的需求和舒适度。社会也必定在限定这些产品用途的同时关注它们为身外困境之人提供的帮助。这项技术可能会大大改善老年人和残疾人的生活质量，并提升缺乏社工的社区服务水平。

不告知客人 Alexa 处于开启状态有何好处呢？虽然许多人都惯用智能助手，但很难想象隐瞒客人会有助于增强信任和促进关系。技术是一把双刃剑，机遇和风险并存，因此我们要谨慎权衡。我们可以选择在客人到访期间关闭设备，或者特地当面使用 Alexa。在我看来，这比忘记提及甚至故意隐瞒客人要好得多。无论如何，你都是在为别人做决策，而这个决策由不得你做主。

面对道德问题，当机立断不代表草率行事。拿走车钥匙、以旁观者的身份发表意见、公开否定虚假信息、应对不接种疫苗等威胁都需要很大的勇气。我们仍必须确保不剥夺他人的选择权，无论是孩子决定自己网络形象的权利还是客人享受私人社交时间的权利。

　　在边缘地带，经常会有些两难问题需要更加深思熟虑才能做出最佳决策，而在这种情况下就不能操之过急。例如，是否购买23andMe套装或向23andMe提交孩子的DNA，绝对不可以匆忙决策。该公司关于提交孩子DNA的政策存在很多潜在问题，应该予以重视。

　　另一个不能草率决策的是投票。正如第三章所述，我们需要详细信息、广泛听取意见和讨论，以便运用道德决策框架。

　　在行动前确定决策框架，这对所有选择都很重要。技术使我们比以往更容易冲动行事；因此，你可能觉得自己必须立即做决策。但事实上，很多时候无为胜于有为。例如，大多数人没必要在社交媒体上发布孩子的照片，没必要在家里添置智能音箱，也没必要当下就把孩子的DNA发给23andMe公司。作为消费者、父母和公民，我们通常有时间在做决策前了解重要信息和替代方案。我们应该留出这段时间，不干预公司的错误行为，并观察监管机构、消费者、公司和专家在试图跟上技术发展脚步的同时会做何种反应。

　　可当机立断的道德问题使我们更容易将道德融入日常面临的许多决策和讨论中，有些甚至是千载难逢的机会。反过来，这又使我们有更大的权利和能力来履行自己的责任，无论公司向社会推出的或监管机构未能监管的创新成果是什么。我们积极维护个人和社会的道德规范，围绕上述问题共同参与讨论和决策产生了全面影响。

# 第八章
## 应变力和恢复力

    2016 年 7 月 17 日，娜塔莎·埃德南－拉佩鲁斯与父亲和她最好的朋友抵达伦敦希思罗机场，准备到法国南部度假。两个女孩儿兴高采烈地朝着英国航空公司登机口走去，途中先到三明治店 Pret A Manger 买早餐。买的时候，娜塔莎只关注一点，那就是食物成分。

    虽然只是个 15 岁的青少年，但娜塔莎看成分标签时一丝不苟。她对坚果、芝麻、乳制品和香蕉严重过敏，这些食物可能导致她出现危及生命的过敏性休克。后来，父亲纳迪姆回忆道，娜塔莎拿起一个洋蓟橄榄酱长棍面包，仔细查看标签。上面写着，这个三明治含有橄榄、洋蓟、罗勒和面包，都是她喜欢吃的，她也确定自己吃下去没问题。她把三明治递给了父亲，父亲也仔细看了成分。许多食品连锁店都在店内张贴了过敏原警告标志，但父亲扫视一圈，并没有发现这类标志。

    娜塔莎走到店门口吃了三明治，随后感到喉咙发痒，这是过敏的第一个症状。她喝下抗组胺口服液，症状有所减轻。

上午 7 点 30 分，他们登上了飞往尼斯的航班，两个女孩在社交媒体上发布了一段视频，欢呼雀跃地和朋友挥手道别。约 25 分钟后，娜塔莎的喉咙再次发痒，于是又服用了一剂抗组胺药，但没有效果。没过多久，她全身发痒且脖子发红。掀开衣服一瞧，父亲发现她"满身都是又大又红的红斑……就跟被数百只水母蜇过一样"。

父亲在娜塔莎右侧大腿上注射一针肾上腺素以提高血压，放松支气管平滑肌，从而改善呼吸，并减少过敏反应引起的荨麻疹和肿胀症状。可还是没有任何变化。接着，父亲给她打了第二针，但症状仍在加重。此时还要等 35 分钟才着陆。娜塔莎呼吸困难不断加重，喘着气恳求父亲："爸爸，帮帮我。我呼吸不了！"

英国航空公司的机组人员用飞机配备的氧气罐为她供氧。机上一名刚毕业的医学生也伸出援手。纳迪姆眼睁睁看着女儿陷入过敏性休克却无能为力。由于缺氧，她的皮肤逐渐变蓝，身体前倾，而后便不省人事。事发过后，机长表示当时并不清楚娜塔莎的情况有多严重，等到飞机紧急降落在另一个机场时为时已晚。飞机在尼斯上空才刚开始下降，娜塔莎便出现了心脏骤停。医生尝试进行心肺复苏也事无补。后来，一名机组人员做证，他们并未使用飞机配备的除颤器，因为它被置于飞机的另一侧，而降落过程中，关闭舱门是"优先事项"。

法国医护人员迅速将娜塔莎送往尼斯当地医院，纳迪姆则致电妻子塔尼娅，告知女儿危在旦夕。塔尼娅连忙赶往伦敦斯坦斯特德机场，搭乘飞往尼斯的航班。恰逢暑假第一天，最近一班要等到当天晚上。她挨着登机口坐，只能干等着，默默祈祷着。而医院那边，纳迪姆被告知女儿娜塔莎"恐怕性命不保"。

晚上七点，纳迪姆致电妻子。"你现在就得跟女儿告别。"纳迪姆边说边将电话放在娜塔莎耳旁。电话另一头，塔尼娅轻声说道："娜娜宝贝，我很爱你。妈妈一会儿就到你身边。"话音刚落，丧女之痛让她崩溃了。

这对父母后来得知，女儿吃下的三明治长棍面包在制作时加入了芝麻，但不仅表面完全看不出，且包装标签上也没有说明。

2018年9月，西伦敦验尸法院着手调查娜塔莎的死因。调查发现，Pret A Manger 曾接到21起过敏反应投诉，其中9起的过敏原为芝麻。有6起案例的顾客和娜塔莎一样吃了同款法棍，5人需就医，其中一名17岁的女孩甚至出现"危及生命的反应"。

Pret A Manger 公司的风险与合规总监做证说，该店做法符合法律规定。事实上，英国和欧盟法律都允许这类在店内生产和包装食品的企业通过自己的方式，如口头告知、食品标签或在店内张贴的过敏原信息标志，提醒顾客食物所含的致敏成分。纳迪姆说，Pret A Manger 在希思罗机场的这家店里，"根本没有张贴任何过敏原信息告示"。法律并没有要求这家连锁店必须给每件食品贴上标签。而令人费解的是，非店内食品的每个包装都要贴上详尽的成分说明，如大型超市售卖的成品蛋糕。

Pret A Manger 的做法或许没有违反食品标签的相关法律规定，但还是低于一定的道德标准。为顾客的安全着想，该店本可以采取更多高于法律最低要求的措施，例如给所有产品贴上成分标签，或使用肉眼可见的芝麻做面包，尤其应在首次遭到过敏反应投诉后立即采取行动。政府和 Pret A Manger 的领导层本可以根据不同分店的情况对贴或不贴标签的潜在风险进行更细致的研究。例如，Pret A Manger 希思罗机场分店面向世界各国使用不同语言的旅客，这些旅客在赶飞机时往往来不及留意店内张贴的标识，也听不懂员工的口头提醒。

娜塔莎离世后，Pret A Manger 在货架上添置了成分表标识，但包装依然没有过敏原警示说明。2018 年 9 月，悲痛欲绝的娜塔莎父母在庭审结束时表示："这次庭审表明，是食品标签法存在的漏洞导致娜塔莎不幸身亡……我们认为，如果说 Pret A Manger 不过依法行事而已，那么法律就是在拿我们女儿的性命做赌注。"

几天后的 10 月 3 日，Pret A Manger 首席执行官克莱夫·斯克利公开致歉，表示"我们承认远远未尽己所能"。随后，该连锁店给所有产品都贴上成分标签和过敏原警示贴纸，在店内添置大量提示牌，还在网上公布了完整的成分信息。不仅如此，该店还承诺在 24 小时内回应与过敏有关的投诉，并承诺与政府、慈善机构和专业同行合作，协助完善法律规定。

斯克利在声明中说道："我希望这将推动行业走上变革之路，确保对食物过敏的顾客得到尽可能多的保护和信息。这是 Pret A Manger 目前的首要任务。"

如此积极透明的回应让我好奇万分，激发我想进一步了解 Pret A Manger 的决策过程。2019 年 4 月，我给克莱夫·斯克利发了邮件，问他是否愿意与我交谈，作为我撰写本书的部分研究内容。我在邮件里只介绍自己是道德问题专家，想了解他担任首席执行官时遇到过哪些最困难的时刻。尽管如此，他还是不出几个小时就回复了我。

通话过程中，斯克利似乎对娜塔莎之死深感不安，还对公司的决策陷入自责。他说，在第一次讨论这个问题时，有些因素导致他们决策不做改变。首先，公司在全球有 500 多家分店，每年生产的食品多达数百万件，他们认为逐件贴标签的成本太高。其次，在公司看来，重要的是能继续在店内制作食物，以保证出品的质量和新鲜度。

不过，他们最初考虑的也不只是成本和质量。斯克利解释道，他们也察觉到了潜在风险。首先，要确保三明治的标签准确无误，就必须核实三明治的每种成分，给每种成分加上条形码，避免与其他成分混淆。然后，每家分店的店员在制作三明治时必须按照流程制作并反复查验产品和标签。而这个过程存在太多漏洞和潜在风险。Pret A Manger 认为，详尽的标签可能让消费者产生安全错觉，反倒比不贴标签更糟糕。

斯克利承认，Pret A Manger 对娜塔莎之死负有主要责任。他也意识到，他们本该做出更多努力，而不仅限于法律规定，也就是说他们考虑得不够全面。一旦发现问题，他们立即坦言相告，承担责任，并制定重整计划。

"回过头来看，我们本该积极主动一些。"斯克利如是说。他还称这起事故"冲击了整个行业"，使公司幡然醒悟，立即采取措施朝着正确的方向发展。

不过，我还是对这个法律漏洞感到震惊。从保障消费者食品安全的角度来说，食品制作场所可能存在哪些差异？为什么监管机构对现场制作的食品标准比对非现场制作的食品的标准更低？还有多少本分经营的餐饮店只因遵守这一不完善的法律规定最终直接或间接导致顾客丧命？

当年，英国政府宣布了一项新法规，要求食品企业，给"现场制作和包装"的食品添加完整的成分标签，以保障消费者的食品安全。该项法案被称为"娜塔莎法"。

---

人无完人。我也会有判断失误或因外部环境失控而偏离正轨的时候。但正如玛娅·安杰洛所说："凡事尽力而为，吃一堑，长一智。"

读完本书，你会明白如何做得更好——培养我所说的道德应变力。道德应变力包括两个部分。第一，预防力和灵活度，也就是第一章到第七章所述的，在做道德决策时要长计远虑、随机应变。第二，恢复力。你越常运用从本书中学到的方法，就越不可能重蹈覆辙，而犯下的错误越轻微，就越有利于你从中恢复。换句话说，这些方法帮助我们看清现状，认真思考若事与愿违，无论是因为自身判断有误还是外部原因使然，我们对自己的决策会做何感想。这也有助于我们取长补短、各抒己见。

坚韧的道德决策是连接"知错"与"改过"的桥梁。它不仅能指引我们理解他人过失的根源，更能帮助我们判断：何时、在何种情境下应当给予第二次机会。我们对自己和他人的过错做何反应，与如何应对其他道德困境一样，最能彰显我们的道德素养。

正如 Pret A Manger 事件所示，立即说出真相就是恢复的开始。争取时间来评估错误、诊断形势，然后选择最好的行动方案。道德不能抹去错误，也并非为此开脱的借口。道德恢复不代表能挽回已造成的伤害，而决策框架恰好在此发挥作用。如果能在决策过程中时刻警惕，根据信息、利益攸关方和后果的变化，对决策进行评估，我们就能获得更强的应变力。同样地，我们可以预测潜在问题，将其纳入对后果的评估中。这好比架起一道道护栏，如波音公司开设多种报错渠道，23andMe 或爱彼迎的用户能与公司代表直接对话，或像 Pret A Manger 那样提倡加强监管并提高公众意识。

尽管 Pret A Manger 最终灵活做出了切合时宜的道德决策，吸取教训、知错即改，但其决策仍然存在不足。如果该公司运用决策框架，就能更清楚地看到给每件产品贴标签的利弊（尽管法规并不完善），也就是一旦出错便会造成不可弥补的严重后果。公司高管本可以更早做出调整，一个花季少女本不应为此丧命。不过，Pret A Manger 立即说出真相、承担责任并改过自新（监管机构也随即回应），这是道德应变力的罕见例子，如果坚持贯彻执行，将有利于防止伤害再次发生。

相比之下，波音公司的首席执行官在致命空难发生后仍然要求时任美国总统特朗普允许问题飞机继续飞行。他当时还没有弄清楚坠机的具体原因，但已经决意将更多生命置于危险之中。波音公司在道德流沙中越陷越深，因为它选择回避真相，怪罪于飞行员，并仅靠升级软件来应对危机。在我看来，波音公司最大的问题并不在于其机动特性增强系统系统软件或其他技术和测试问题，而在于它采取了根本行不通的决策方式，且仍沿用至今。除非能将道德规范有效纳入公司的各层面决策，否则波音公司不可能摆脱危机。

即便责任主要在于某些利益攸关方，其他人也可以阻止伤害或进行干预。至少，娜塔莎事件的其他利益攸关方应重新考虑自己的做法是否有待改善，例如希思罗机场要求入驻商家遵守高于法律规定的食品标签标准（甚至是多语标签），而英国航空公司重新调整机舱设备和机组人员培训，以应对严重的过敏反应事件。

我们对应变力的理解各有不同。有人认为得恢复到以往状态，如生态学指的是"系统恢复到参考状态的程度"。《牛津英语词典》对应变力的定义是："能迅速或轻易从不幸、冲击、疾病等恢复或抵御其影响的品质或事实"。我认为应变力包含前瞻眼光和发展思维。曾任洛克菲勒基金会主席和宾夕法尼亚大学校长的朱迪思·罗丹在《应变力红利》一书中写道："应变力是个人、社区、组织或自然系统等任何实体准备应对破坏、从冲击和压力中恢复，以及从失败经历中适应和成长的能力。"接着，她将本书一直探讨的基本问题——如何在各利益攸关方之间分配道德恢复的责任——与应变力和恢复联系起来。

"我们知道，"罗丹说，"应变力存在的地方总会有强大的个人、团体、机构和网络能共同提高反应能力。"与其他道德难题一样，要做到"齐心协力"，必须先确定框架和驱动力。决策框架在此承担双重职责，既是有效的诊断工具，能弄清出错原因，又是考量你和他人未来决策的起点。

例如，Pret A Manger 公司领导精心制定的原则是坚持"手工制作天然食品"。这并不是随便一说或不重视原则（要记住，你所评估的原则不一定得跟自己的相符）。而在娜塔莎出事前，Pret A Manger 的确在官网的"关于我们"页面吹捧"无标签就是好"的观点，因为他们认为这能证明食品是现场制作的，保证新鲜。

但是，当早期因无标签说明导致出现严重的食品过敏反应事件时，Pret A Manger 却没有迅速做出解释或提供信息。这个周全谨慎的领导团队竟犯下如此严重的判断错误。法院报告还显示，该公司缺乏有效的食品过敏监测系统，客户服务部和健康安全部都收到过消费者的投诉。Pret A Manger 的事例屡见不鲜。根据我的经验，大多数职场人（包括肩负道德责任的高层领导）并非不在乎道德准则。他们只是不知道如何将道德准则持续有效地融入日常决策，或并不优先考虑和运用合适的方式来把握这些准则。

该公司管理层很清楚谁是利益攸关方。最重要的是，考虑到长期后果时，我们会看到决策框架如何引起连锁效应——该公司对不断出现的过敏投诉判断有误且监控不力，这才导致其一直无法对未贴标签的潜在后果做出准确评估。

也许 Pret A Manger 给我们所有人都敲响了警钟。正所谓"前车之鉴，后事之师"，最好的防患于未然和重整旗鼓的方法就是吸取他人的经验教训，引以为戒。总结自己和他人犯下的错能让我们看得更清、做得更好，积极传播道德规范，从而逐渐提升决策能力。

我们有很多机会思考自己和他人的错误，特别是越来越多的人要对他人的公开违法行为抒发己见。关于具体做法，我们将通过以下这个与 Pret A Manger 做法截然相反的失败案例来了解。我们还将探讨如何处理介于这两个极端之间但仍会对生活造成很大困扰的错误。

<hr>

2020 年 2 月 24 日，曼哈顿陪审团判定美国好莱坞重量级制片人哈维·韦恩斯坦犯有一级性犯罪和三级强奸罪。在这场震惊世界的庭审中，6 名女性出庭指控这名 67 岁的大制片人，其电影代表作有《莎翁情史》《英国病人》《低俗小说》《大艺术家》等。他已被 90 多名女性公开指控性骚扰和性侵犯。

韦恩斯坦肆无忌惮地横行近30年，直到2017年10月《纽约客》和《纽约时报》的调查报告揭示了他长期以来骇人听闻的捕猎式性侵行为。这些不幸事件掀起了席卷全世界的反性骚扰运动"# 我也是"。这场不断蔓延的运动鼓励曾遭遇性侵犯或性骚扰的女性和男性打破沉默。2017年，美国疾病控制与预防中心下属的国家伤害预防与控制中心发布的调查报告显示，美国有大约1/3的女性和1/6的男性曾遭遇性侵犯。此外，总部位于华盛顿特区的美国跨性别者平权中心于2015年发布的调查报告显示，约有一半的跨性别者自称曾同样遭遇性侵犯。

2018年2月，即韦恩斯坦事件曝光4个月后，《纽约时报》再次揭露另有71名男性公众人物因性骚扰而被解雇、辞职或遭遇事业滑铁卢，涉及娱乐、媒体、音乐、金融、政治、酒店、科技等行业。耶鲁大学研究人员调查"# 我也是"运动在24个国家的影响后发现，运动爆发后的最初6个月期间，性犯罪报案数量增加了13%。

所有性骚扰行为都让人难以接受，且大多属于违法行为。"# 我也是"运动创始人塔拉娜·伯克激励我们勇于对某些事情做出是非分明的判断。韦恩斯坦案成为这场运动的转折点，正如创始人塔拉娜·伯克对《纽约时报》所说："应该视韦恩斯坦案的判决结果为一种鼓舞，激励受害者和其他参与者改变现状。"

然而，韦恩斯坦一直不愿或无法说出真相、承担责任，并做出补偿。他一再否认任何有关非双方自愿的性关系的指控,却雇用私家侦探恐吓指控者,阻止他们向媒体爆料。韦恩斯坦当庭听到判决结果时还反复对其律师说:"我真是无辜的。"

曼哈顿法庭的裁决说明韦恩斯坦罪有应得。但他的行为和判决涉及很多道德问题,包括对其行为的支持者和包庇者如何追究责任、如何帮助受害者,以及如何对待其杰出的艺术贡献。他是否有罪不由我们个人说了算,同理,我们也无权追责教唆者或帮助受害者(但这并不表示社会不应该在这两方面多加努力,也不表示问责制不奏效)。而我们力所能及的决策是如何对待韦恩斯坦的艺术作品。

无论是个人还是整个社会,对于劣迹公众人物在艺术、体育、政治、学术等方面的主要贡献,我们都要从道德方面进行考量。例如,流行天王迈克尔·杰克逊曾被指控猥亵男童(但罪名不成立),我们要不要阻止孩子听他的音乐?DNA 双螺旋结构发现者之一、分子生物学家詹姆斯·沃森曾在 2007 年提出"种族决定智商"的主张,我们是否应该因其言论涉嫌性别和种族歧视就剥夺他的诺贝尔奖?此外,艺术传奇人物巴勃罗·毕加索也曾被指控虐待多名恋人,我们又该如何对待他的作品呢?这些事情不止发生过一次。上述公众人物都曾多次在众目睽睽之下发表不当言论或支持不当行为。我们要在什么时候和什么情况下坚决抵制劣迹人物并推动社会变革,下架其电影和音乐作品,或从博物馆和书店撤掉相关作品?

要解决"该如何对待哈维·韦恩斯坦的电影成就"这个

棘手问题，关键在于找准看问题的角度。一方面，如上所述，根据法律规定，他大部分违法行为都绝不被人接受，这是个黑白分明的二元问题。而另一方面，在何种情况下抵制其艺术作品则是非二元问题。我们必须区分好这两个问题才能一一回答。面对韦恩斯坦的艺术作品，我们要关注的是自己的道德决策，而不仅仅是他的行为或道德问题。

在这种情况下，我更注重的原则是"尊重""真相"和"责任"，不过你也可以自行选定其他原则。信息、利益攸关方和后果的相关内容太多，无法一一列举，但我会具体谈论几个关键点。例如，哈维·韦恩斯坦不是韦恩斯坦电影公司制作或发行电影和电视节目的唯一参与者。他的成就依赖于数百名演员、导演、编剧、制作助理和技术人员等利益攸关方的才能。米拉麦克斯公司和韦恩斯坦公司共同参与制作的电影斩获341项奥斯卡奖提名，获奖81次，可谓成绩斐然。抵制这些影视作品也就抹杀了其他人的工作，给将来的观众带来负面影响，因为他们或许会从这些作品中受益，能全面了解电影发展历程。

而这一事件的驱动力主要有分散的权力、传染效应和被歪曲的真相。

韦恩斯坦的杰出成就，也可以看作对分散权力的滥用，以及对传染和突变的推动力。他获得的成就越多，掌握的权力越大，就越能掩人耳目，越是盛气凌人，给女性施压，还威胁说若不顺着他的意思，就砸了她们的饭碗，毁了她们的行业声誉。

关键的难题在于真相会被歪曲。如果抹去这部分内容，那有关电影发展或韦恩斯坦的这段历史便残缺不全。我认为，我们能够也应该保护会影响其他利益攸关方的艺术作品，同时抵制他的恶行。贸然删除或诋毁他的电影作品，到头来只会掩盖真相，既抹杀了其他人的积极贡献，又掩盖了他们的有害行为。

此外，抵制艺术作品无法弥补过去犯下的错误，也不能阻止错误继续蔓延。伤害带来的后果仍然存在。下架韦恩斯坦的作品无法制止其他犯罪者，也不能防止突变情况发生，例如其员工的包庇行为或对爆料者的威胁。最重要的是，它不能修复幸存者所遭受的巨大创伤，甚至都算不上是对"#我也是"运动的支持，也不能帮助揭发其他案件或降低社会容忍度。这些勇于发声的幸存者中不乏举世闻名的艺术家，他们的艺术贡献也应该得到尊重。

社会很容易出现不道德行为，而且往往是集体力量所导致的。在我看来，我们应该时刻谨记这一点。但是，知易行难。压力、贪婪、恐惧、权力滥用、包庇、违法乱纪等传染和突变的驱动力都使性骚扰行为在韦恩斯坦案件、电影业、华尔街、硅谷等众多知名大企业不断发酵。

这些问题都很复杂，为了寻找答案，我们需要听取各方合理意见。无论做出什么选择，道德决策都要求我们揭示真相而非歪曲或掩盖真相。

东窗事发后，哈维·韦恩斯坦被自己的公司和美国电影艺术与科学学院除名。从社会和个人的角度来看，我们是否应该一同阻止他再从所参与的电影作品中获利，甚至剥夺其版权收益？抑或，用他的所得来帮助曾遭受性骚扰的受害者（这些建议需要进行深入的法律分析，也可能行不通）？此外，媒体、行业领袖、电影历史学家甚至影迷都可以像对待其他罪犯一样，坚决斥责韦恩斯坦的恶行并明确指出他人如何以及为何未能阻止这些恶行。在本次事件中，揭露丑闻的新闻报道功不可没，而脱口秀女王奥普拉·温弗瑞和美国女星瑞茜·威瑟斯彭等演艺界名人的带头支持也不可或缺。韦恩斯坦的发行商也可以在电影片头或片尾字幕中说明，他曾被判性侵罪成立。无论是流媒体、发行公司、影院、奖项评委还是参与电影创作的其他人，都坚决抨击这种行为。

我们甚至可以声明，参与电影的演员和其他专业人士都不认为公众观看这部电影是在宽恕韦恩斯坦。这有助于为进一步行动定下基调，同时不会使欣赏艺术本身的观众蒙羞，也体现了对艺术、历史和其他利益攸关方的尊重，如往后的电影观众、电影制片人和"# 我也是"运动支持者。此外，这也是对受害者的些许尊重，以此保证真相不会被遗忘。

艺术典籍的保护涉及更广泛的问题，即是否要修改历史，这是我们在许多不同公共场所会面临的选择。很多雕像等历史纪念物和重要建筑、街道、桥梁都是为了纪念某些人物，但我们认为这些人罪恶深重，比如奴隶制支持者。多所大学在热议是否将主要校园场所的奴隶制支持者除名。某些城镇地区就雕像移除引发论战，如弗吉尼亚州夏洛茨维尔市因拆除南方军领袖罗伯特·李的雕像而导致游行演变成暴力的白人民族主义集会。

每个事件都有其背景，重点绝非将不同的可耻行为进行比较。目标在于保护真相，明白道德应变力和恢复力取决于将真相与责无旁贷和知错就改联系起来。这些与艺术和历史相关的所有情况表明，现存问题、实体文物以及犯罪者和旁观者的可怕行为仍一成不变，与当前社会弊端存在联系。它们并非已成过去式，而是现在进行时。道德应变力和恢复力都需要持之以恒的决心。

与艺术作品一样，历史遗迹的伦理问题也有很多不同的深刻见解。若某个机构决定将以奴隶制倡导者命名的建筑更名，我认为应该加上一块牌匾，告知建筑的曾用名和历史由来。这块牌匾应说明历史背景和对当下的经验教训，解释造成的伤害和更名原因。若某个机构想保留建筑原貌，也应该竖一块牌匾，提供上述信息，并解释为什么要维持原址原貌——只是为了呈现历史真相，并无纪念意义，例如不是为了纪念奴隶主或优生主义者。所有的网站、广告、历史遗迹参观等都应该融入这种观念。对待历史文物，无论是保留还是拆除，都需要有长远打算。该机构必须制定具体步骤来纠正和防止将来造成伤害。这些步骤不仅包括教育、政策和招聘惯例，还包括责任承诺，如1838年，乔治敦大学为维持大学资金正常运转而贩卖奴隶，如今为了与这些奴隶的后代"持续对话"，该大学筹款支持社区项目。

尽管如此，抹杀过往行为可能会引发几个关键问题：如何划定界限？如何判定某人罪不可赦，以至于必须将其对所在领域的贡献全部抹掉？如何达成统一标准并明确后果？

抹去历史会破坏道德应变力，这种武断做法很危险，可能导致出现不公平、违纪违法，以及引发有害行为的不良激励措施。此外，它还可能滋生对丑陋恶行的容忍和对维护真相的自满。而且，换作其他行业，我们要如何抹去劣迹人员的贡献？要取消交易、房地产交易或国际贸易协定吗？要撤销杰出外科医生能救死扶伤的干预措施吗？

奴隶制和人种学都令人难以接受，拆除这些观念支持者的纪念雕像也并非不可以，但没必要抹杀历史和剥夺未来利益攸关方的重要学习机会。或许可以考虑以研究为目的而保留纪念碑，并在其旧址上添加解释性说明，这样既可以展现历史，又可以避免武断专横。

这类情况特别难应付，因为我们可能会因为观看电影或欣赏音乐而深感内疚。但内疚和直觉的反应无法引导我们做出道德决策。抵制艺术作品并不利于恢复，反倒使非二元决策变成二元决策。这不仅有损真相，还会对过去和未来无辜的利益攸关方，特别是对其他艺术家造成不必要的伤害。

---

我们大多数人在日常生活中面临的道德困境，既不会导致企业流程改革，也不涉及在全世界引起社会运动的大规模性骚扰事件。无论问题的严重程度如何，我们每个与恢复力有关的选择都决定了我们的行为、关系和社会参与。

当公司同事、家庭成员、宗教领袖或产品公司的行为对我们造成直接影响，或我们从新闻报道了解到这些行为，并对此形成个人观点时，我们就会面临与道德应变力相关的选择。有时候，我们的决策就是人生的关键时刻——我要不要和这个人结婚？要不要辞职？要不要和朋友绝交？要不要弥补自己犯下的错？此外，这些决策还体现我们的社会责任——我应该怎么投票才能让政治家尽职尽责？应不应该原谅深受群众欢迎但财务出现问题的社区领导？归根结底，在思考问题时，我们不要忘了自己和他人的应变力和恢复措施。

下面，我们分别以微软公司和加拿大总理贾斯汀·特鲁多为例，看看他们在应变力和恢复方面的表现。

2016 年，微软在推特发布人工智能聊天机器人 Tay，用作对话理解的社会实验，即用户与 Tay 的聊天次数越多，它的学习能力就会越好，所使用的语言就会越自然。但是，上线不足 16 小时，Tay 就被居心不良的推特用户"教"坏了，开始发布数以千计种族主义、性别歧视和反犹太主义的不当言论。为避免事态恶化，微软立即删帖、下线 Tay 并对"这些无意攻击冒犯和造成伤害的推文"深表歉意，"这些言论不代表我们微软公司所持立场，也不是我们设计 Tay 的初衷所在"。微软企业代表坦承，他们没想到会有用户滥用评论功能，导致 Tay 出言不逊，但他们本应该预料到这一点。代表们还指出微软从此事中吸取到的经验教训，并承认要掌握好利弊参半的人工智能系统实属不易。这是体现应变力和恢复力的简单例子：说出真相、承担责任、知错就改。Tay 事件证明了我们的每一个小决策，哪怕只是一条推文，也会产生雪崩效应，导致事情发展有悖于道德规范。

2001 年，29 岁的贾斯汀·特鲁多在一所私立学校任教时参加了名为"阿拉伯之夜"的化装舞会。2019 年，特鲁多作为时任加拿大总理参加大选之际，有媒体刊登了他在那场舞会中的装扮照片，照片中，这名自由党领袖戴着头巾，穿着白色长袍，还将脸涂成深色。特鲁多立即召开新闻发布会并表示："我不该这么做。我应该对此有更清楚的认识，真的非常抱歉。"他还承认自己高中时参加才艺表演，化过"黑脸妆"唱《香蕉船之歌》，"我当时并不认为这是种族主义，但现在我们这方面的意识提高了。这种做法的确很不可取，就是种族主义。"特鲁多说。他果断承认错误，让犯过同样错误的人没有机会心存侥幸，以此避免错误行为继续扩散——"这就是种族主义，无论过去还是现在，我们都知道这是种错误观念"。最终，特鲁多成功连任加拿大总理。我们不确定他的应变处理是否有助于其连任，但当时的确是重要的竞选时刻。

除了重大的道德失败，我们所有人都可能出现判断失误。谁没有过不敢说实话的时候？谁没有错发过具有煽动性或涉及机密的电子邮件？谁没后悔过在社交媒体上发了不该发的照片？但重要的是我们和他人如何做出决策，一起往前走。

羞辱、指责或内疚既不是道德决策的一部分，也不属于应变力和恢复过程。这三者都停留在过去，与未来无关。在决定如何应对和选择时，即便采取当机立断的方法，我认为以下问题才是最有用的。

　　首先，这种错误行为是故意为之吗？有反复出现吗？读取信息时，意图很重要。人们有时候会弄巧成拙，好心办坏事，例如，孩子因未接种疫苗而染上麻疹。根据意图可以判断这种行为反复出现的可能性、施加惩罚的程度，以及是否可能重建信任。但即便出于好意，对伤害也于事无补，更不能因此既往不咎。可若是意图被扭曲，发现后立即说出真相，承担责任，并停止不当行为（例如微软和 Pret A Manger），这就表示愿意努力改正错误。

　　其次，在当时的背景下，很多人是否都可能犯同样的错误？也许这种行为彼时很常见，也没那么令人反感。了解信息时，背景很重要，细微差别也很重要。例如耶鲁大学之所以将其众多富有传奇色彩的住宿学院之一——卡尔霍恩学院更名，主要原因在于约翰·C.卡尔霍恩不仅是奴隶主（虽不该这么做，但当时很普遍），还是奴隶制倡导者。而在其他事件中，可能出现信息不足（缺失严重或模糊不清），导致行为者无法预料到自己的行为可能造成无法控制的后果。

　　到底谁是行为者？行为者指的是肩负公共责任、必须赢得大众信任的人，如政治家、医生、宗教领袖、公司董事会和管理层或照顾老弱病残的服务者。他们通常要遵守更高的法律标准，而因为他们的身份依赖于大众信任，所以我们有权以高于法律要求的道德标准严格要求他们。

　　最后，这种行为是否出自从未做出过不道德行为的年轻人，而这是他第一次犯错且已经认错？如今的年轻人几乎没有犯错的余地，因为这些错误会被曝光于社交媒体，使他们接受舆论批评。我并非要宽恕恶行，但我们还是得思考，技术发展如何将成长过程中难免犯的错转变成终生憾事。

你甚至可以制作光谱图，按照严重程度划分不当行为。程度最严重的一端有哈维·韦恩斯坦或贺建奎（屡教不改且毫无悔意），另一端则是饥肠辘辘偷了地铁小贩一袋薯片的孩子。而介于两者之间的是本该避免犯错的人，比如夸大简历的高级经理或只偷喝过一次酒的高中生。

决定后果的过程也应该是体面且一贯的、协调的，并以个人、其他利益攸关方和社会能够恢复的方式来进行。道德决策并非不给机会恢复或让人无路可退。

讲到如何从道德失败中恢复过来，我们经常谈及宽恕。我曾多次听人说，懂得宽恕就能获得内心平静。这种观点要求我们一下子升华到信仰的层面，而不是了解清楚情况后做出选择，因此对别人犯错的前因后果，我们便无从得知。我不赞同一挥而就的做法。我认为宽恕也是一种道德选择，也需要运用同样的方法、考虑各种驱动力、核实真相、担起责任并承诺采取行动。在我看来，粉饰、掩盖、忽视过去或看不清未来都无法获得内心平静。

一旦犯错之人说出真相并明确知道该如何改变和弥补，那我们可以考虑给他一次改过自新的机会（但不能三番五次地给）。如果某人被告知其行为不当（无论是对你，还是对社会，抑或两者皆是），若情况再次发生，那就表示他们不尊重我们，不重视我们设定的界限，不想做出改变。他们是在"明知故犯"。

我在咨询工作中发现，全世界都越来越痴迷于"零容忍"的想法，这与宽恕截然相反。对某些事情，的确应该持"零容忍"的态度。2018年的某个早晨，迪斯尼首席执行官、美国广播公司总裁罗伯特·艾格得知公司热播剧集《我爱罗珊》女星罗珊妮·巴尔在推特上针对奥巴马总统前顾问、非裔美国人瓦莱丽·贾勒特发布了一条种族主义评论。艾格立即取消了这档节目。"做这个决策真的不难。我从来不过问，也不关心这会造成多大的经济损失，"艾格在自传《一生的旅程》中写道，"遇到这种情况，你必须抛开任何商业损失，重新以简单的原则为指导，即没有什么比员工和产品的品质和完整更重要。一切都取决于对这一原则的坚持。"

艾格做出了正确的决策，对种族主义行为秉持"零容忍"的态度。"零容忍"适用于种族主义、性犯罪或欺凌等是非分明的情况。但在非二元情况下，这种做法不见得最合乎道德规范。过分要求"零容忍"甚至可能滋生完美主义、恐惧和扭曲的激励机制，迫使不当行为秘密进行。而以公平透明的方式实施"零容忍"政策，任意妄为和不切实际的完美主义就没那么容易传播开来。确保人们能够保持尊严，同时也设定明确的界限。例如因某人（尤其是本应以身作则却明知故犯的高管人员）欺诈而将其解雇，这种处理方式或许合情合理。但道德决策的目的是创造"亡羊补牢，知错就改"的机会。毕竟，人无完人。因此，我们要获得的是应变力和恢复力，而非谴责和无望。

我们的历史由所做的决策来书写。如何面对自己和他人的改过自新，不仅决定了我们的为人，也告诉世界我们坚持什么原则，以及如何运用这些原则。

我们可以尽到自己的责任，例如通过投票或拒绝购买产品迫使政治家和企业领导做出回应；公开抨击不可接受的行为。做人要有自知之明，因为我们都很有可能重蹈覆辙。事实上，我所见过或了解过的杰出领袖都具备这种谦卑感。我们还可以对人给予同情之心，因为我们永远无法感同身受，真正了解别人的想法、内心和处境。正如我会鼓励学生和客户，抓住机会夸赞别人的成功，但绝不轻易声张别人的失败。我们最好默默自省，有则改之，无则加勉。

通过本书，我们一同界定什么是边缘地带的道德决策。关于道德，我每年都会跟学生分享一则具有前瞻性但又突出混乱、不完美、真相和恢复的定义。具体如下：

归根结底，道德是通过在原则指导下做出的决策为我们的生活和有幸接触到的所有生命创造我们想要的故事，无论我们多么接近边缘地带。道德要求我们坚守真相和人性。道德记录我们引以为豪的故事，从而让别人发现我们对美好生活的向往——无论事实如何、成败与否，也无论运气好坏，我们都会从人类无法避免的这些不道德行为中吸取教训，但不对其进行任何篡改。

在这个世界向前迈进时，记录下让你深感自豪的故事。你要更加自信，因为读完本书的你，现在知道该如何了解更多并做得更好。

# 后记
# 未来边缘地带的道德观

就在你开始阅读本书之时，边缘地带就已经有所改变。2014 年，我在斯坦福大学开设"边缘伦理学"课程，那时，书中讲述的事例还如科幻小说般不可思议。

但本书中的知识将伴随你走向未来。当你处理自己的困境和社会正在发生的道德危机时，你将会感到自己在道德方面更加敏锐。推动道德的六种力量和永恒的框架将指导你评估你所面临的任何决策或你正在形成的观点。它们还将澄清你对自己或他人过去所做决策的不断变化的看法。你将对我们的万花筒世界做出更有效的反应，在这个世界上，正当你认为你看得清楚的时候，新的颜色出现了，碎片消失了，遥远的斑点突然闪现在眼前，成为诱人的机会或参差不齐的威胁，然后这一切又重新散去。

我们今天的决策后果将在一个改变后的现实中显现出来。许多现在看起来很平常的技术将产生新的和未曾想象过的用途，但缺乏我们需要的实时社会科学研究基础，以做出社会反应。

问题是我们要如何利用这种永恒的学习来抓住道德这个我们最大的个人和集体机会？我们如何才能为更有效的道德决策做出贡献并致力于在我们生活的各个领域保持人类和人性的前沿和中心？

道德伦理具有民主性。无论我们的处境如何，我们都有能力做出道德决策。想象一下这种可能性，我们每个人都担负起自己的责任，将道德与权力重新联系起来，更公平地重新分配权力，并消除不道德行为的传染性。我们不应该允许道德被整合到那些控制创新的人手中或算法和公司结构中，或者在国家和地方政府的大厅里，这些政府没有能力监管跨越国界的原则冲突。我们都可以站出来，夺回对道德的控制权。

道德决策需要一个团队的努力。公民的广泛参与是影响监管的一个令人兴奋的机会，特别是政策制定者如何解决与我们一些最基本的权利相关的原则冲突，如公共卫生与个人自由、国家安全与隐私，或网络言论自由与安全。

最好的道德决策始于最早的阶段——想法的火花，而不是损害评估的时刻。它应该先于建设性的行动，而不仅仅是对伤害的反应。我们的选择会影响公司，使其首先制定框架，其次向社会推出产品并做出决策，使社会能够从其创新、研究、知识共享和风险管理的能力中受益，而不是将创新和增长的大部分风险不惜一切代价地放在消费者身上。

道德伦理帮助我们拓宽视野，道德决策提供了一个从不同角度现实而谦逊地观察世界的视角。我们可以践行道德规范，认识到我们的决策对世界各地的弱势人群产生了不成比例的影响，以及西方方式的不完美之处。

道德伦理是所有人生抉择和终身学习的一部分，从幼儿园、小学到高等教育，再到在职培训和继续教育。而道德能力并不取决于学术学位或专业，也不取决于社会经济环境。多年来，我遇到过一些人，他们阅读困难、经济拮据，但他们是我所认识的一些最有道德思想和灵感的人。道德是我们每个人都可以具备的。

我们有能力恢复摇摇欲坠的支柱。我们可以要求并提供更大的透明度；当我们没有得到适当的信息时，我们可以拒绝同意（无论出于何种原因）；我们可以加倍努力，有效地、富有同情心地倾听，并帮助我们周围的人也这样做。但是，即使是最强大的支柱，也不会给我们一个通行证或借口：告知他人我们的越界行为或明确否认责任并不能成为该行为的借口或免除我们的道德责任。

每个道德选择都很重要。如果你把你所做的选择在一段时间内的效果统计出来，只要多一点框架，即使在那一天结束时，其影响也会远远超过你的想象。就像每次避免使用一次性塑料水瓶、每投出一张选票一样，你的每一次道德努力都有助于全球的觉醒。

我又回到了我的口头禅。道德决策将我们与我们的人性联系在一起。我认为道德决策也许是人类最伟大的纽带。它将我们联结在一个共同的乐观项目中以造福社会并保护社会和人类，为我们自己和他人创造伟大的故事，继续探索人类在技术世界里的意义。

但是，边缘地带的道德需要我们主动发声、勇于担责、果断行动并坚守真理。我们都能积极选择道德，而非被动等待道德降临（或消失）；都能坚持以人为本，而非以机器为本；都能通过当下抉择，向后世昭示我们所能容忍的底线与期许的遗产——而非屈从于道德存疑的领导者、创新者与越界者设定的轨迹；更都能致力于解决问题，而非止步于指责他人的过失。

有希望的选择是我们可以做出的。你的故事，以及你所触及的所有生命的故事，还有人类的故事，都取决于我们所做出的选择。

怀着感激之情。

# 致谢

本书的出版凝聚了众人智慧。在整个出版过程中，我有幸得到了诸多智者的襄助。

承蒙西蒙与舒斯特接收本书，铭感五内。首席执行官乔纳森·卡普与执行主编斯蒂芬妮·弗雷里希洞见了本书的创作初衷、时代紧迫性及普世价值。卡普先生对书稿的审读重塑了关键章节的架构，弗雷里希女士则以持续的专业投入、犀利的编辑视角和对内容的深刻共鸣，浸润了全书的每个维度。

与西蒙与舒斯特团队的协作堪称殊荣：助理编辑艾米丽·西蒙森高效细致；文字编辑弗雷德·蔡斯令每页文稿焕然生辉；封面设计师戴维·利特曼与艺术总监艾莉森·福纳初稿即成经典；由萨拉·基钦（制作编辑）、艾莉森·哈兹维（制作经理）、保罗·迪波利托（内页设计师）和金伯利·戈尔茨坦（责任编辑）组成的制作团队，将文稿转化为赏心悦目的佳作；公关总监凯特·博伊德与市场总监斯蒂芬·贝德福德的传播之力功不可没。

与经纪人凯西·罗宾斯的相遇堪称人生转折点。她的睿智见解、全球视野与全程护航，是本书问世的关键。其同事戴维·哈尔彭在关键时刻提供了精辟建议，珍妮特·奥希罗与亚历山德拉·苏格曼确保了流程顺畅。

丽莎·斯威廷汉姆令我铭感至深。她在紧迫时限内协助完成提案与多轮书稿修订，其专业精神、严谨态度与非凡才华令人叹服，亦感谢其家人的支持。

特别鸣谢受访专家：爱彼迎首席道德官罗布·切斯纳特、格拉德斯通研究所资深研究员布鲁斯·康克林博士、汉森机器人创始人大卫·汉森博士、加州第17选区国会议员罗·卡纳、无国界医生前国际主席乔安妮·刘博士、欧莱雅集团首席道德官伊曼纽尔·吕兰、法国国家空间研究中心主席让 - 伊夫·勒加尔、斯坦福大学生物医学伦理学教授任大卫·马格努斯等。

感谢参与"道德孵化器"对话的领袖们：好莱坞编剧诺曼·李尔、作家家萨尔曼·鲁西迪爵士、麦克阿瑟天才奖得主徐冰、弗吉尼亚州前市长迈克尔·西格纳、已故的维多利亚与阿尔伯特博物馆前馆长马丁·罗斯。

斯坦福大学公共政策项目主任格雷戈里·罗斯顿支持我于2016年开设"后真相时代的道德"课程；人类中心人工智能研究所联合主任约翰·埃切门迪与李飞飞教授的伦理实践堪称典范。伦敦政治经济学院的同仁亦令我获益良多。

挚友如智囊团般予我启迪：鲍勃·布克曼早期即倾力支持；安东尼·加德纳大使夫妇、埃马纽埃尔·罗曼、让 - 皮埃尔·穆斯捷等。感谢张美露教授、詹姆斯·马尼卡等审读书稿的友人。

传记作家罗伯特·卡洛（其《林登·约翰逊传》展现道德在科技初兴时代的锋芒）与多丽丝·卡恩斯·古德温（以洞见剖析社会伦理内核），始终是我创作的灯塔。

最后，致我的丈夫伯纳德与子女卢卡、奥利维亚、帕克、亚历克莎和克里斯托，你们的信任是我前行的动力。你们每日的抉择，皆是我领悟道德的源泉。